Léon Archimbaud
Député de la Drôme

La Plus grande France

Librairie Hachette

La Plus grande France

DU MÊME AUTEUR

LA CONFERENCE DE WASHINGTON

1923, chez Payot, Paris.... 12 fr.

Léon Archimbaud
Député de la Drôme

La Plus grande France

Librairie Hachette

A mon collaborateur et ami
M. BAUDUIN de *BELLEVAL,*
Secrétaire général de " La Revue
du Pacifique ".

INTRODUCTION

Au seuil de ce petit livre, je tiens à prévenir le lecteur qu'il n'a pas entre les mains un ouvrage de documentation; qu'il ne trouvera dans ces pages que les chiffres strictement indispensables pour étayer le raisonnement, pour illustrer la démonstration.

D'autres établiront, à l'occasion de l'Exposition coloniale, les grandes monographies et les études détaillées dont on manque aujourd'hui. En ce qui me concerne, je veux simplement faire part au public des considérations générales que m'ont inspirées les huit années d'études coloniales auxquelles je viens de me consacrer au Parlement.

Pendant deux législatures, j'ai rapporté le budget des colonies devant la Chambre des députés, et j'estime de mon devoir d'attirer l'attention du pays sur l'importance du problème colonial.

Mon but est simplement de mettre à la portée de tous les Français les connaissances nécessaires pour se former une « mentalité impériale », aussi ce livre est-il un livre de discussion et de mise au point.

Il faut que, le plus rapidement possible, tous les Français s'intéressent au développement de nos colonies. Il faut que ce bon sens, cette notion, en quelque sorte innée, de la justice et de la justesse, qui caractérisent notre peuple, gouvernent désormais notre politique coloniale. Il faut qu'après avoir tant contribué à faire dans le passé la France, ces sentiments fassent dans l'avenir la « plus grande France ».

LA PLUS GRANDE FRANCE

Il est plus difficile de conserver un pays conquis que de le conquérir.

TURENNE.

CHAPITRE PREMIER

LA « MENTALITÉ IMPÉRIALE »

QU'EST-CE que la « mentalité impériale ? »

C'est l'état d'esprit d'un homme sentant obscurément ou nettement qu'il fait partie d'un ensemble qui le dépasse, qui dépasse ses conceptions de la famille, du village, de la province, du pays même.

C'est le contraire de « l'esprit de clocher ».

Et l'on ne s'explique pas très bien pourquoi une telle mentalité fait encore défaut à tant de Français.

La France est une des nations les plus unies, les plus cohérentes du monde. Les éléments ethniques, pourtant assez divers, qui composent le peuple français, se sont si bien amalgamés et fondus que le particularisme local n'a subsisté qu'en de rares régions, ne s'est manifesté qu'en des occasions plus rares encore.

En tout cas, il n'est pas un de nos paysans, qu'il soit de la Bretagne ou du Dauphiné, de la Picardie ou de la Provence, qui n'ait le sentiment vif et net qu'il fait partie de ce tout que l'on nomme France.

Pourquoi cette certitude — ou mieux ce sentiment, car la réflexion n'y entre pour rien, et c'est précisément ce qui en fait la force — pourquoi cette certitude s'arrête-t-elle aux terres françaises d'outre-mer?

Pourquoi se trouve-t-elle soudain en défaut dès qu'il s'agit de franchir l'Océan?

Est-ce donc que le Français ne serait point colonisateur? Nous verrons plus loin qu'il n'est pas, au contraire, un peuple capable, autant que le nôtre, de se faire accepter des indigènes, voire de se faire aimer par eux. A ce point de vue, nous avons réalisé des tours de force. Et lord Northcliffe était sincère lorsqu'il disait à Maurice Long: « Nous vous devons, nous Anglais, à vous Français, en matière de colonisation, un grand coup de chapeau. »

La raison du phénomène est ailleurs. Je crois volontiers qu'elle est historique, qu'elle tient moins à la race qu'à divers incidents de la vie nationale. Aussi devrait-il être relativement aisé de mettre fin à l'indifférence dont pâtissent chez nous les questions coloniales.

Nos colonies furent, au XVIIIe siècle, l'occasion de guerres mal conduites et qui surgirent à des moments où la métropole devait elle-même se défendre, soit contre des nations étrangères, soit contre des difficultés intérieures.

La faillite du système Law, qui fondait son crédit sur l'expansion coloniale, les fiascos retentissants de la Compagnie du Mississippi et autres sociétés exotiques ne contribuèrent pas médiocrement à rendre les colonies impopulaires en France.

En guerre presque continuelle avec l'Angleterre, maîtresse des mers, Napoléon ne put songer à conquérir des colonies. Il se trouva même acculé à la vente de la Louisiane. Ainsi les Français n'entendirent-ils plus, durant de longues années, parler d'acquisitions lointaines.

Et l'idée se fortifia même en eux, plus ou moins, que la colonisation nécessite des expéditions coûteuses et régulièrement vouées à l'échec.

La conquête de l'Algérie, surtout motivée par le désir de la royauté de s'offrir un succès militaire, fut, à ce titre, mal accueillie par le pays. Il en fut de même, plus tard, de l'expédition de Cochinchine, sous le second Empire.

Les obstacles que la troisième République rencontra d'abord au Tonkin n'étaient pas pour opérer un revirement de l'opinion.

C'est ainsi que, de génération en génération, les Français se transmirent, en dépit de leur esprit entreprenant, aventureux même, et nonobstant leurs aptitudes colonisatrices, une froideur et, bien souvent, une défiance marquée à l'égard de tout ce qui était colonial. On en trouve encore les traces aujourd'hui. Il convient pourtant de noter, à partir de 1885, un léger mouvement en faveur des colonies. Il eut son origine dans l'appétit de revanche, au moins morale, qui persistait depuis nos désastres de 1870, et qui nous poussait, pour affirmer notre vitalité, à planter nos couleurs sur des terres nouvelles.

Ce mouvement, qui alla s'amplifiant et se précisant jusqu'en 1914, aurait dû puiser une force accrue dans la grande guerre. Celle-ci ne démontra-t-elle pas péremptoirement l'utilité de nos colonies, qui nous fournirent des hommes, des produits, de l'argent? Il y eut, en effet, après la guerre mondiale, une magnifique émulation d'entreprise coloniale française. Les jeunes gens, à l'envi, demandaient à partir. Dans tout le pays s'organisa une propagande intense.

On aurait pu croire alors la partie gagnée. La France allait être enfin, selon la forte expression de mon éminent ami Albert Sarraut, « une puissance de cent millions d'habitants ».

Hélas ! il n'en alla pas ainsi. Le mouvement avorta.

Il avorta par la faute du Gouvernement. Celui-ci n'encouragea en rien la propagande faite par les colonies elles-mêmes et par des organismes privés.

A aucun moment le Gouvernement français ne comprit quelle aide pouvaient lui fournir les colonies. Nous verrons plus loin qu'il poussa la méconnaissance de l'« empire français » jusqu'à ignorer de quel secours les colonies lui pouvaient être politiquement, et quel poids elles pouvaient ajouter à sa parole dans les grands débats internationaux.

L'apathie gouvernementale laissa pâlir et vaciller la flamme coloniale. Nos embarras financiers, d'autre part, concentrèrent l'attention de tous sur la métropole. Ils exercèrent bientôt une fascination véritable. Au point que certains hommes publics suggérèrent de mettre en vente une ou plusieurs de nos colonies, pour nous soulager de tout ou partie de nos dettes extérieures.

Le fait seul qu'on ait pu, en 1924 et en 1925, parler de l'aliénation possible de notre domaine d'outre-océan prouve assez que l'idée coloniale est en régression chez nous. L'heure presse de lui redonner un nouvel et vigoureux essor.

Comment créer en France cette « mentalité impériale » qui semble nous manquer, elle qui a fait la grandeur de l'Empire britannique?

Le mineur gallois le plus borné sait non seulement ce qu'est le pays de Galles, ce qu'est l'Angleterre, ce qu'est la Grande-Bretagne, ce qu'est le Royaume-Uni, mais encore ce qu'est l'Empire britannique. Il a conscience de la puissance de cet Empire, du rôle que celui-ci est appelé à jouer. Il s'occupe de ce qui se passe à Montréal, à Calcutta ou à Sydney. Il discute gravement de l'arbitrage obligatoire en Australie, ou de l'immigration canadienne, comme il discuterait du prix du beurre au marché. Que, si d'aventure il converse avec un Australien ou un Canadien, ce dernier ne lui dénie pas le droit d'avoir une vue juste sur un pays où pourtant notre mineur n'est jamais allé et n'ira vraisemblablement jamais. Chaque Anglais estime, en effet, que le devoir de tout sujet de Sa Majesté britannique est de s'intéresser aux contrées les plus lointaines de l'Empire. Du moment où l'Union-Jack flotte sur un territoire, il devient aussi proche, pour tout Anglais, que le village voisin. Il lui est même presque aussi cher.

On voit, par cet exemple, ce que j'entends par « mentalité impériale ». J'espère qu'il ne peut plus y avoir de doute sur le sens de cette expression que j'ai dû adopter à défaut d'une autre exprimant mieux ma pensée, car l'expression de « mentalité coloniale » ne me satisfait pas, le mot « colonial » évoquant l'idée de pays subordonnés, venant en seconde ligne, placés sur un plan différent. Or, il n'y a qu'une France, une « France des cinq parties du monde », pour reprendre l'heureuse expression de M. Octave Homberg.

Les Français de France m'objecteront d'abord que ceux de leurs compatriotes qui sont allés aux colonies ne leur permettent guère d'émettre un avis sur les questions coloniales. Trop souvent le « colonial », dédaigneux, oppose aux « métropolitains » leur ignorance du pays dont ils parlent, et se contente, pour toute explication, de leur affirmer qu'ils ne peuvent pas comprendre.

Je me bornerai à faire remarquer au colonial en question que son attitude est souvent décourageante, qu'elle entretient l'indifférence. Mais il m'opposera à son tour l'ignorance invraisemblable et non moins décourageante des Français de France [1].

Il me répondra qu'il est affligeant de s'entendre poser de ces questions saugrenues : « Est-ce qu'on mange du pain là-bas ? » Ou encore : « Alors, vous dormez toujours sous la tente ? »

1. Dans son *Mannequin d'osier*, paru en 1897, Anatole France situa Sousse en Algérie. La 192e édition de l'ouvrage, dernière parue du vivant de l'auteur, reproduit toujours cette bévue. Signe qu'aucun lecteur, pendant vingt-cinq ans, n'a songé à la signaler au grand écrivain. On continue du reste à l'imprimer, par piété littéraire probablement.

Mais ce n'est pas en rabrouant les questionneurs, ni en les raillant qu'on les instruit.

Nombreux sont, d'ailleurs, les coloniaux qui l'ont compris. Beaucoup d'entre eux sont devenus, dans les villes où ils se sont retirés, les agents spontanés d'un enseignement efficace.

Je tiens à rendre hommage ici à tous ceux qui remplissent leur devoir colonial ; à tous ceux qui ont couvert la France d'associations amicales, fraternelles, de sociétés de secours, etc., groupant les coloniaux ; à tous ceux qui ont facilité la création de centres de propagande.

Dans leur tâche ingrate, ils ont été généralement aidés par les agences économiques des colonies ayant leur siège à Paris, et souvent des succursales dans nos grandes villes.

Ces agences fournissent, à tous ceux qui les demandent, articles, brochures, photographies, films, voire conférenciers.

Mais elles n'agissent que quand elles sont sollicitées ; c'est pourquoi tant de gens échappent à leur action, toutes nos populations rurales notamment. Cette lacune grave inspira, en 1925, à M. André Hesse, alors ministre des Colonies, un programme que nous approuverions fort s'il n'était pas demeuré à l'état de circulaire mort-née. M. André Hesse voulait « commercialiser » les agences. Il les invitait à favoriser, partout où elles en trouveraient les éléments, la constitution de foyers de propagande, qu'elles approvisionneraient de documents. Mais il voulait aussi toucher les instituteurs, car par eux seuls on atteint les campagnes.

N'importe qui peut aujourd'hui se faire adresser des films par les agences économiques, films variés (l'agence de l'Indochine en a près de cent cinquante différents) et très intéressants. Ils sont mis gratuitement à la disposition des particuliers. Or, je suis certain qu'il n'y a pas un instituteur sur cent qui connaisse cette source incomparable d'enseignement. Mais à combien d'écoles communales a-t-on donné le cinéma qu'on leur avait promis?

Les agences économiques ont beaucoup travaillé. Malheureusement elles se tiennent un peu trop loin du public.

Cette attitude de leur part est le résultat d'une erreur. Elles apportent d'ordinaire tous leurs soins à documenter les industriels et commerçants de la métropole, persuadés que là est leur tâche essentielle. Elles oublient que rien de solide ne se bâtit sans l'appui de l'opinion. Notre expansion coloniale, comme toutes les réformes utiles, dépend donc d'abord de l'éducation de la masse.

Pour éduquer la masse, le concours de la presse est indispensable.

On doit avouer que, sur ce point, tous

les grands quotidiens ne font pas leur devoir. L'information coloniale est, neuf fois sur dix, jetée au panier. La rubrique coloniale d'un journal, quand elle existe, est d'ordinaire tenue par un jeune rédacteur dont c'est la besogne accessoire. Il s'écoule parfois des semaines sans qu'un organe quotidien publie, non point un article (ce serait trop beau), mais un maigre entrefilet de dix lignes ayant trait à l'une de nos colonies. N'est-ce pas navrant?

Le premier effort doit être tenté du côté de la presse; le second, du côté de l'école.

La place que tiennent les colonies à l'école est à peu près nulle. Dans les écoles communales, on trouve encore, à vrai dire, des maîtres consciencieux qui s'efforcent de faire connaître à leurs élèves nos colonies. Dans les lycées, c'est le néant.

Le professeur d'histoire parle brièvement à ses élèves en seconde de Montcalm et de Dupleix, jamais de Savorgnan de Brazza, de Gallieni ni de Doudart de Lagrée. Si bien, ou plutôt si mal, que nos enfants savent comment nous avons perdu le Canada et l'Empire des Indes, mais qu'ils ignorent comment nous avons acquis notre domaine colonial actuel.

Pourquoi? C'est que le programme d'histoire part en philosophie de 1815. Jamais le professeur ne parvient à aborder la guerre de 1870. Comment traiterait-il de la troisième République et de son œuvre coloniale?

Dans les programmes de géographie, les colonies sont, si possible, encore moins bien partagées. On a joint leur étude à celle de la France, dans les classes de quatrième et de première. De telle sorte qu'elles ne sont étudiées que lorsque le professeur a épuisé la description de la France continentale, ce qui n'arrive pour ainsi dire jamais.

Aussi les bacheliers font-ils montre, en matière coloniale, d'une insuffisance qui frise le comique, allant jusqu'à confondre des caps avec des villes et des fleuves avec des montagnes.

Comment donner au lycée un bagage suffisant de connaissances sur nos possessions d'outre-mer?

Voici ce que je proposerais.

Distraire du programme d'histoire tout ce qui a trait à l'Afrique du Nord et aux colonies; le joindre à la géographie coloniale.

Il serait ainsi créé un cours mixte d'histoire et de géographie coloniales. Une heure y serait consacrée, sinon toutes les semaines, au moins tous les quinze jours.

Au baccalauréat, à l'épreuve de géographie il est posé obligatoirement une question elative aux colonies, mais c'est toujours une question très élémentaire, et sur l'histoire coloniale aucune question n'est jamais posée. Aussi y aurait-il intérêt à grouper l'histoire et la géographie coloniales et à en faire l'objet d'une épreuve spéciale.

En résumé, les efforts qui tendront à créer en France « une mentalité impériale » doivent provenir de tous, mais en particulier des pouvoirs publics.

Or, c'est chez eux que l'on observe, à cet égard, le plus d'indifférence, je dirais presque le plus de répugnance.

Les assises de notre empire colonial sont en France même, bien plus qu'aux colonies.

Elles devraient reposer sur les intelligences et sur les cœurs de tous les Français. Voilà la première tâche à accomplir.

« Je suis homme, disait Térence, et pense que rien d'humain ne doit m'être étranger. » Possesseurs de superbes colonies, tous les Français devraient être instruits à répéter : « Tout ce qui est colonial est nôtre. »

CHAPITRE II

POURQUOI AVONS-NOUS DES COLONIES ?

Il est évident, aujourd'hui, que notre expansion coloniale a pris sa source dans une volonté délibérée, agissant non avec continuité selon un plan tracé à l'avance, mais dans une série d'incidents fortuits. De ces hasards, la suite est curieuse et les conséquences furent inattendues.

Nous possédons l'Afrique du Nord grâce à l'ambition de Charles X, soucieux de donner, par un succès naval et militaire, quelque lustre à un trône qu'il sentait chancelant.

Nous devons l'Indochine à des massacres de missionnaires. Et l'expédition de Madagascar eut pour point de départ des rivalités, dans cette île, entre les missions catholiques et protestantes.

Notre extension dans l'Afrique noire, partie des bases du Sénégal et du Gabon, fut, semble-t-il, provoquée à la fois par la curiosité des explorateurs et par un sentiment complexe où entraient le désir de prouver la renaissance française et l'impression qu'il se présentait une occasion à ne point laisser échapper.

Les Anglais ont constitué leur empire colonial suivant un plan mûrement arrêté, pour servir les intérêts de leur commerce et de leur industrie. Les Français ont obéi à une sorte d'instinct les incitant à arborer leur drapeau sur des contrées encore inexplorées, mais sans savoir exactement ce qu'ils en feraient.

L'un des premiers, Jules Ferry, que l'on crut stigmatiser en l'affublant de ce sobriquet de « Tonkinois » qui fait aujourd'hui sa gloire, entrevit peut-être le rôle qu'étaient appelées à jouer les colonies. Mais s'en rendit-il très nettement compte? Les expressions qu'il employait avaient-elles la plénitude du sens que nous leur prêtons aujourd'hui? La même réalité y était-elle enclose? J'hésiterais à l'affirmer.

L'absence de tout esprit de lucre qui présida à l'acquisition de nos colonies a pu en retarder le développement économique. Du moins nous permet-elle de parler sans rougir de leur origine.

Nos guerres coloniales n'ont pas été inspirées par l'appétit du gain, par la volonté d'imposer aux indigènes nos cotonnades ou notre eau-de-vie et de les dépouiller des fruits de leur travail. Nos expéditions ont toujours eu pour cause soit le massacre, qu'on ne pouvait laisser impuni, de ressortissants français, soit la détresse de souverains qui imploraient notre secours, soit ce besoin naturel de rayonnement qui caractérise les grands peuples. En matière coloniale, nous avons les mains nettes. Toutes les nations colonisatrices n'oseraient en dire autant.

Et ce nous est une facilité de plus pour mettre en pleine valeur nos territoires d'outre-mer.

A quoi nous servent nos colonies?

Pour être brutalement posée, la question n'en mérite pas moins réponse.

Le temps n'est plus où de prétendus colonisateurs rançonnaient les « sauvages » et ramenaient dans la métropole des galions chargés de leur or. Mais les nations ne sont pas encore assez désintéressées pour conduire bénévolement les peuples neufs vers le progrès sans rien réclamer d'eux en retour. Aussi dirai-je sans hésiter que la France doit tirer de ses colonies le maximum de rendement. C'est encore, si l'on agit avec intelligence, en considérant l'avenir, en donnant aux avantages d'ordre moral leur vraie place, le moyen le meilleur de civiliser par l'exemple les pays que nous colonisons.

Nous pouvons et devons nous servir de nos colonies tant au point de vue économique qu'au point de vue politique.

Les nations civilisées sont préoccupées par deux problèmes capables de provoquer des réactions violentes et grosses de conséquences. C'est d'abord l'alimentation de leurs industries nationales en matières premières ; c'est ensuite la création de débouchés pour les matières ouvrées par ces industries.

Le développement formidable de la vie industrielle a donné lieu à de véritables batailles, et c'est aujourd'hui dans les usines que se joue un peu le sort des peuples.

La recherche des matières premières était relativement facile avant la guerre universelle. Elle s'est, depuis, singulièrement compliquée. La naissance de nouveaux pays à la vie industrielle, les besoins mondiaux qui ne cessent de s'affirmer, ont accru la demande sans que l'offre s'accrût parallèlement.

Il existe une guerre du caoutchouc, du coton, du pétrole. Et le moment n'est peut-être pas éloigné où l'on verra les continents user de représailles les uns envers les autres en interdisant l'exportation de matières premières. Des Américains n'ont-ils pas récemment suggéré à leurs compatriotes de ne plus vendre de pétrole au Royaume-Uni, si les prix du caoutchouc de Malaisie continuaient de monter ?

C'est pourquoi les pays industriels se préoccupent d'avoir des stocks de matières premières sur lesquels ils puissent compter en tous temps avec certitude. Les colonies, grandes productrices de produits à ouvrer, retiennent donc, en tout premier lieu, leur attention. Quels que soient, en effet, les liens d'intérêt ou de sympathie qui unissent deux peuples, ces liens n'ont jamais la force de ceux qui attachent une métropole et sa colonie.

Le commerce de la France avec l'Afrique du Nord et ses colonies représente 13, 5 p. 100 de son commerce total. La part prise par nos colonies est d'ailleurs plus forte sur nos exportations (15,4 p. 100) que sur nos importations (11,5 p. 100). Aussi bien les échanges de la France à l'extérieur se traduiraient-ils par un déficit pour nous, n'étaient les échanges avec nos colonies, qui donnent à la balance de notre commerce total le signe positif.

Si l'on entre dans le détail, on remarque que le commerce de la France avec ses colonies proprement dites est passif. L'excédent des exportations provient uniquement de l'Afrique du Nord.

On ne sera pas surpris d'apprendre que le commerce colonial de la Grande-Bretagne est beaucoup plus important que le nôtre, près de trois fois, toutes proportions gardées. Les importations des dominions et colonies forment 30,4 p. 100 des importations de l'Angleterre, et les exportations à destination de ces colonies atteignent 35,3 p. 100 des exportations totales.

Les Pays-Bas n'ont avec leurs colonies que des relations commerciales très restreintes. Malgré l'ancienneté de leurs établissements d'outre-mer et leur richesse, les importations coloniales ne font guère plus de 6 p. 100 des entrées du royaume néerlandais. Les exportations vers les colonies vont à un peu plus de 7 p. 100 du total des sorties.

Pour la Belgique, la proportion est encore plus faible. La part du Congo est de moins de 1 p. 100 aux importations, et de 1,5 p. 100 aux exportations belges.

Des chiffres qui précèdent, il ressort que quelle que soit leur importance, les relations d'une métropole avec ses colonies sont toujours favorables au commerce métropolitain. Et c'est là où je voulais en venir.

Un de nos meilleurs publicistes coloniaux, M. Camille Fidel, a étudié récemment la place que tiennent l'Afrique du Nord et nos colonies dans le ravitaillement de la France. Il a montré que, pour une douzaine de produits, le pourcentage colonial est prépondérant : 99 p. 100 des phosphates naturels, 98 p. 100 de la vanille et 96 p. 100 du poivre que nous importons proviennent des colonies. Puis ce sont les semoules (92 p. 100), le manioc (91 p. 100), les vins (89 p. 100), le riz (87 p. 100), les conserves (70 p. 100), les œufs (68 p. 100), les bois exotiques (65 p. 100), les bestiaux (64 p.

100), les poissons (64 p. 100), les huiles (54 p. 100), le graphite (53 p. 100), les rhums (50 p. 100), les joncs (50 p. 100).

Vingt et un produits encore enregistrent des pourcentages appréciables : nickel, liège ouvré, tapis, légumes frais, cacao, fibres textiles, oléagineux, fruits, essences, gommes, sucres, légumes secs, fourrages, graisses de poisson, céréales, plomb, thé, nacres, peaux, caoutchouc, tabacs.

Pour certains articles, l'augmentation a été très forte depuis la guerre : les importations coloniales de cacao, par exemple, ont passé de 2,2 p. 100 en 1913 à 37 p. 100 en 1924, à 46 si on y ajoute le cacao du Cameroun et du Togo, pays sous mandat, dont le commerce, comme celui de la Syrie, n'entre pas dans les chiffres que je viens de reproduire. Cependant, en général, les progrès sont assez médiocres, et nos colonies n'ont qu'une part infime dans l'alimentation de nos industries en produits de première nécessité.

C'est ainsi que la France a importé en 1916 pour plus de 5 440 millions de francs de laine. De ce total, la laine nord-africaine ne représente que 17,4 p. 100.

Nos importations de coton se sont élevées, en 1925, aux chiffres énormes de 4 457 millions de francs. La part de nos colonies n'y est que de 2 p. 100, même en y comprenant les importations du Togo et de la Syrie.

De même, la soie indochinoise ne se chiffre que par moins de 0,7 p. 100 sur les 2 865 millions de francs de soie brute qu'ont importée nos tissages de luxe.

Il est entré en France, en 1918, pour 16 millions de céréales autres que le riz. Sur cette quantité, l'Afrique du Nord ne nous en a fourni que 24 p. 100. Jadis, elle était le grenier de Rome !

Grâce à une propagande intense, les bois de nos colonies forment plus de la moitié des bois exotiques que nous importons. Mais que de mal pour arriver à ce demi-résultat ! Et combien précaire est celui-ci ! C'est à Liverpool, à Londres, surtout à Hambourg, que va la majeure partie de nos bois de la Côte d'Ivoire et du Gabon. Au reste, si la routine a un peu lâché pied sur ce terrain, elle a gardé toute sa force en ce qui touche les essences communes. Nos colonies n'ont débité, en 1926, que 1 p. 100 des bois communs importés par nous. C'est-à-dire que nous payons, chaque année, près de 1 400 millions aux pays scandinaves pour recevoir d'eux des bois que nous tirerions aisément de nos forêts africaines.

La richesse en phosphate de l'Afrique du Nord nous dispense, heureusement, de nous adresser à l'étranger pour ce précieux produit. Dans une proportion moindre, le nickel néo-calédonien et le graphite malgache ont pris sur notre marché la première place. Mais nos colonies ne nous envoient que 16 p. 100 du minerai de fer et 22 p. 100 du plomb que nous traitons. Même, la part de nos colonies dans nos importations du minerai s'est abaissée de 16 p. 100 en 1924 à 12 p. 100 en 1925, pour remonter à 13,5 p. 100 en 1926.

J'ajouterai que, malgré la richesse de Madagascar en gemmes de diverses sortes, nos colonies ne nous fournissent à peu près rien des 2 315 millions de pierres précieuses que nous importons.

A quoi tient cette carence de notre commerce d'importation, carence si funeste à la bonne tenue de notre devise?

L'opinion publique principalement en est responsable. Pour beaucoup de gens, « colonial » signifie « inférieur ». L'hostilité contre les colonies que j'ai signalée plus haut semble s'être étendue peu à peu du domaine politique au domaine économique.

Prenons, comme exemple, pour employer la terminologie commerciale, une des « positions » qui ont été le mieux travaillées par la propagande officielle : celle des bois. On a eu beau montrer à nos industriels des billes d'acajou splendides et les instruire sur la façon dont il convient d'ouvrer nos bois du Gabon et de la Côte d'Ivoire, la plupart des fabricants ont gardé et gardent contre ces bois une répugnance invincible. Elle s'abrite derrière des légendes, des racontars qui circulent sans que nul les vérifie et sans que personne les réfute.

« L'okoumé, vous dira-t-on dans les scieries, est impossible à travailler, il brise les machines. D'ailleurs, tout le monde sait que les bois coloniaux contiennent du sable. » *Tout le monde sait*, voilà l'argument.

Ceux qui répandent ces bourdes, et bien d'autres analogues, ignorent en revanche que l'Allemagne a importé, en 1926, 94 400 tonnes d'okoumé dont 81 000 provenant de notre Gabon.

Oui, la majeure partie de nos bois africains va à l'étranger. Je veux dire qu'ils vont d'abord à l'étranger. Car telle bille d'acajou qui ne trouvait pas preneur français à Kotonou se vend presque au poids de l'or en France lorsque les Anglais l'ont entreposée à Londres et fallacieusement baptisée « acajou de la Havane » avant de nous la réexpédier.

De même, nos industriels achètent fort cher notre benjoin du Laos, à Londres, sous le nom de « benjoin du Siam », et notre gomme-laque du Tonkin comme « stick-lac hindou ». Ainsi de suite.

Cette méconnaissance systématique de nos produits coloniaux présente un caractère spontané assez inquiétant. Tout au moins démontre-t-elle qu'une propagande incessante doit être conduite non seulement auprès des industriels et commerçants directement intéressés, mais dans la nation tout entière. Ce n'est pas à des objections raisonnées que l'on se heurte ; c'est à un préjugé instinctif et obstiné.

Ce n'est donc point par des conférences isolées de spécialistes, c'est par une campagne d'ordre général que l'on créera dans le pays, avec un courant d'opinion, un état d'esprit nouveau.

J'ai dit, au début de ce chapitre, que nos colonies devaient constituer des débouchés pour les industries métropolitaines.

Nous avons vu que la France vend beaucoup plus à ses colonies qu'elle ne leur achète. Les besoins de nos possessions et de nos protectorats se développent chaque jour, surtout depuis 1918. Les indigènes qui, après avoir fait la guerre en France, sont rentrés dans leur village ont contribué pour beaucoup à répandre l'usage des produits français.

Aussi les marchandises françaises forment-elles, dans toutes nos colonies, même dans la plus lointaine, en Indochine, la grosse part des importations. C'est un fait intéressant au point de vue politique, puisqu'il prouve que les habitudes françaises s'implantent de plus en plus dans nos possessions.

Au point de vue économique, il est à peine besoin d'en faire ressortir l'intérêt. On sait du reste que les nations industrielles engagent des luttes très âpres pour la conquête des marchés extérieurs. Le problème a été rendu plus angoissant par la guerre : nombre de pays, qui auparavant s'approvisionnaient auprès de la Grande-Bretagne, de la France ou de l'Allemagne, ont été obligés de créer sur leur sol même les industries qui leur firent défaut cinq ans durant. Le cas s'est présenté notamment en Amérique du Sud. Les peuples de ce continent ont aujourd'hui, pour la plupart, de jeunes industries nationales qu'ils s'efforcent de protéger contre la concurrence étrangère.

De tous côtés se dressent des barrières douanières, à l'abri desquelles ces usines naissantes produisent et prospèrent. Le champ s'offrant aux vieilles nations industrielles s'est trouvé rétréci d'autant.

Nos colonies doivent suppléer à cette raréfaction de notre clientèle. Elles peuvent même jouer un double rôle : remplacer les clients étrangers qui viennent à nous quitter et devenir le prolongement de notre marché intérieur.

Un des principaux facteurs de l'essor économique des États-Unis, c'est que les industriels y disposent d'un marché intérieur à très forte capacité d'absorption, dont ils sont certains, et qui leur assure d'avance un bénéfice appréciable. L'exportation constitue dès lors pour eux un superbénéfice ; ce qui leur permet de vendre à l'extérieur aux prix les plus bas.

Nos colonies devraient peu à peu suppléer à l'étroitesse de notre marché intérieur. Malheureusement, il y a encore tant à faire dans cet ordre d'idées qu'on demeure confondu quand on envisage cet aspect de la question.

Alors que les 40 millions de Français font pour près de 90 milliards d'échanges, nos 60 millions de citoyens, sujets et protégés de l'Afrique du Nord et des colonies, ont un commerce de moins de 18 milliards.

Ainsi, les transactions coloniales sont proportionnellement plus de sept fois inférieures à celles de la métropole. La part de commerce par habitant, qui est en France de près de 3 000 francs environ, est aux colonies de moins de 400 francs.

Comment accroître les facultés d'achat de l'indigène?

En augmentant ses gains, son bien-être, sa prospérité, par l'exploitation rationnelle des richesses du pays. C'est-à-dire en le mettant lui-même en état de produire, rapidement et par grandes quantités, les matières premières dont nous avons besoin. Par ce moyen, les deux problèmes connexes d'alimentation de nos industries et de recherches de débouchés pour leurs produits se trouveraient résolus d'un coup. Mais on parle surtout du premier ; le second est laissé dans l'ombre.

Il m'a paru cependant nécessaire de l'évoquer en pleine lumière. Ce qui précède montre assez aux industriels français qu'ils ont un intérêt bilatéral à participer à la mise en valeur de nos possessions lointaines, car, non seulement ils en tireraient des matières premières à meilleur compte qu'aujourd'hui, mais encore ils se créeraient des débouchés à l'abri de leurs rivaux étrangers.

La part de la France dans le commerce de nos colonies est très importante, puisqu'elle dépasse 16 milliards sur moins de 25. Cette proportion des exportations françaises aux colonies ne pourrait être accrue sans danger si nous n'achetions pas davantage à nos possessions.

Ce qu'il importe d'augmenter, c'est le chiffre d'affaires total des colonies. La part que nous y prenons participera à cet accroissement.

On insiste souvent sur le rôle des colonies dans la vie économique de la nation. Comment se fait-il qu'on néglige si délibérément celui qui leur revient dans notre vie politique?

Je n'entends point parler ici du secours militaire que nous pouvons attendre des colonies. Nul n'ignore que pendant la dernière guerre, nos possessions d'outre-mer nous ont envoyé 600 000 soldats et 200 000 ouvriers.

Plus de 75 000 indigènes ont donné leur vie pour la France. En cas de conflit nouveau, nos colonies nous prêteraient certainement encore l'aide précieuse de leurs hommes, de leurs produits et de leur argent.

Mais c'est là une circonstance exceptionnelle qui, je le souhaite de toute mon âme, ne se présentera plus.

Il convient d'envisager une autre utilisation politique, plus normale, de nos colonies. M. Albert Sarraut a dit naguère que la France était une nation de 100 millions d'habitants. Il serait plus exact de dire qu'elle devrait l'être.

En fait, les grandes conférences internationales qui se sont tenues depuis quelques années n'ont jamais entendu qu'une France de 40 millions d'habitants.

L'Empire britannique possède six voix dans l'assemblée de la Société des Nations : une pour le Royaume-Uni, une pour l'Australie, une pour le Canada, une pour la Nouvelle-Zélande, une pour l'Afrique du Sud et une pour l'Inde.

La France ne possède qu'une seule voix.

Cependant elle représente 100 millions d'habitants, alors que l'Empire britannique (l'Inde exceptée) n'en compte que 130 millions.

L'Indochine nourrit 20 millions d'habitants ; l'Afrique occidentale, 14 millions. Elles n'ont pas de délégués à la Société des Nations. La Nouvelle-Zélande, qui ne recense que 1 500 000 habitants, a trois délégués à Genève.

Une telle inégalité de traitement est proprement inadmissible. Et l'on comprend mal que la France n'ait pas su mieux faire respecter ses droits.

Certes, je n'ignore pas que les 1 500 000 Néo-Zélandais sont presque tous d'origine européenne, mais qu'importe? Notre politique indigène, totalement différente de celle des Anglo-Saxons, si tant est que ces derniers en aient une, tend à élever le niveau des indigènes, et ceux-ci jouent dans nos colonies un rôle qui n'a rien de comparable à celui dévolu aux indigènes de la plupart des possessions britanniques. Très honorablement, les nôtres, j'en suis sûr, figureraient à côté des sujets des dominions.

Tout bien considéré pourtant, si la France coloniale ne pèse aucun poids dans la balance politique du monde, nous aurions mauvaise grâce à nous en plaindre.

Cette situation est de notre fait et de notre faute. Si nous n'avons pas su prendre rang de grande puissance coloniale, ou du moins, si nos colonies ne nous apportent pas ce complément de prestige que la Grande-Bretagne tire de ses dominions, c'est que nous-mêmes ne « réalisons » pas, au sens britannique du mot, la grandeur de notre empire.

Pour que les autres considèrent la France comme « une nation de 100 millions d'habitants », il faudrait commencer par nous pénétrer nous-mêmes de cette vérité.

Cette fois encore, dans le domaine politique comme dans le domaine économique, nous revenons à la nécessité pressante de donner à la France une « mentalité impériale ».

Le jour où elle l'aura, nos compatriotes ne demanderont plus « pourquoi nous avons des colonies ». Sans même avoir présents à l'esprit les arguments élémentaires que je viens d'exposer, les Français seront persuadés en quelque sorte automatiquement que nos colonies nous sont indispensables, et que, sans elles, la France ne serait plus la France.

CHAPITRE III

PEUT-ON VENDRE UNE COLONIE?

J'IGNORE comment se dénouera l'imbroglio financier dans lequel la France se débat. Ce dont je suis bien certain, c'est qu'il a déjà provoqué une catastrophe. Je ne saurais appeler autrement la campagne abominable naguère entreprise en faveur de l'aliénation d'une ou de plusieurs de nos colonies.

Cette campagne, venant après une guerre qui avait révélé les liens indestructibles unissant notre empire colonial à la mère patrie, a produit à l'extérieur l'effet le plus funeste et singulièrement terni l'auréole que nous avait conférée la victoire.

Ce mal fait à la France à l'extérieur nous a permis de constater chez nous combien profonde était l'indifférence des Français en matière coloniale et combien superficielle l'œuvre de propagande en faveur de la plus grande France, qui s'était pourtant intensifiée au lendemain de la paix. Nous savons au moins aujourd'hui à quel point est ardue la tâche de « redressement colonial » qui s'impose. Nous sommes un peu plus convaincus qu'hier de l'urgence de cette tâche.

L'apathie de l'opinion française devant une suggestion qui eût soulevé chez nos voisins anglo-saxons des tempêtes d'indignation prouve par surcroît l'ignorance de nos compatriotes.

Ceux-ci ne savent pas qu'il nous est impossible de vendre une colonie. C'est pourquoi j'ai tenu à rassembler et à résumer ici les arguments qui militent contre la cession d'une partie, quelle qu'elle soit, de notre domaine colonial.

Il serait vain de dissimuler que, parmi les partisans agissants de l'aliénation, se trouvent de grands noms de notre littérature, et aussi des commerçants et des industriels. Il est impossible d'oublier que la Chambre de commerce de Nancy a préconisé, pour remédier aux embarras actuels, même la cession d'une partie de notre domaine colonial. Avant elle, le Conseil général de l'Allier avait adopté un vœu invitant le Gouvernement à étudier la cession de certaines colonies françaises.

Les Antilles furent les premières visées dans ces projets éventuels, sans doute à cause de leur proximité des États-Unis, dont on connaît la politique d'infiltration en Amérique centrale. Ils ont déjà mis la main sur Porto-Rico, les Antilles danoises, Cuba, Saint-Domingue et Haïti, plus ou moins officiellement. Les Antilles hollandaises sont trop proches de l'Amérique du Sud avec laquelle elles font pour ainsi dire corps. C'est probablement ce qui les a préservées de l'emprise nord-américaine. Les Antilles anglaises sont à l'abri des convoitises yankees depuis que le Royaume-Uni a réglé le problème de sa dette de guerre. Il ne reste donc plus que les Antilles françaises à absorber.

Il est clair que les Américains étendraient très volontiers leur domination sur la Guadeloupe et la Martinique ; accessoirement, sur Saint-Pierre et Miquelon. Mais ils sont trop habiles pour nous proposer un tel marché et ils préfèrent attendre pour pouvoir, le cas échéant, en discuter les conditions.

Certainement, les États-Unis ne consentiraient pas à payer cher les Antilles. La question n'est pas là. Et il s'agit seulement de savoir si la France peut laisser poser une question de ce genre.

Les partisans de la vente des Antilles ont insisté sur le fait qu'en 1803 Bonaparte aliéna la Louisiane aux États-Unis, bien que la France fût alors plus puissante qu'aujourd'hui et disposât relativement d'une marine plus forte que celle de la France d'après 1918.

En réalité, la puissance de la France était alors toute de façade, et l'Empire était visiblement construit sur le sable. D'ailleurs, le plus féroce ennemi de Bonaparte était l'Angleterre qui était reine des mers. Elle pouvait s'emparer de la Louisiane à tout moment presque sans coup férir.

Ce fut pour éviter une prise de possession britannique que Bonaparte vendit la Louisiane aux Américains. Du même coup il jouait un bon tour aux Anglais et se conciliait l'amitié de la jeune République que les libéraux admiraient si fort en Europe.

Il ne vint pas un instant à l'idée de Bonaparte qu'il pourrait conserver la Louisiane et, dans un conseil réuni à Saint-Cloud, le 10 avril 1803, il disait : « Je considère déjà la colonie comme perdue ; elle sera plus utile à la politique et même au commerce de la France que si je tentais de la garder. »

C'est donc contraint par les événements que Bonaparte céda la Louisiane. Pourquoi ne l'a-t-il pas donnée? Il eût pu le faire sans grand sacrifice, car la vente ne rapporta pas plus de 50 millions à l'État français.

La France serait-elle, aujourd'hui, comme en 1803, contrainte de vendre les Antilles? Personne n'aurait le front de le prétendre. Il est, hélas ! bien évident que la France n'a plus une flotte suffisante pour protéger efficacement son empire colonial. J'ai insisté un des tout premiers sur les conséquences fâcheuses que pourrait avoir la décadence consentie de notre marine. Toutefois, nous ne sommes pas pour cela en danger imminent de perdre les Antilles ou quelque autre de nos colonies.

C'est que, en effet, la mentalité des peuples a évolué et que le monde n'est plus tout à fait une « foire d'empoigne ». Sans exagérer l'esprit de solidarité qui anime les nations, il est permis de croire que celui qui s'emparerait aujourd'hui de vive force d'une terre étrangère risquerait fort de déchaîner toutes les puissances contre lui. S'il en allait autrement, sous prétexte qu'ils sont encore plus incapables que nous de protéger leurs colonies, le Portugal serait obligé d'aliéner l'Angola ; la Belgique, le Congo ; et les Pays-Bas, les Indes néerlandaises, sous peine de se les voir arracher par les armes.

D'autre part, il est bon de rappeler que la Louisiane avait été cédée à la France par l'Espagne le 21 mars 1801, et que le pavillon français n'y flotta que le 5 avril 1803. Il s'écoula deux années avant qu'un représentant français parvînt à la Nouvelle-Orléans et il n'y resta pas longtemps, puisque l'acte de vente fut signé le 3 mai suivant.

Ainsi, quand la Louisiane fut vendue, il n'y avait pas un mois que les couleurs de la France y avaient été hissées.

Dans ces conditions, il est plus que

téméraire de comparer à la cession de la Louisiane une aliénation éventuelle des Antilles. Les Antilles furent, dès 1640, dotées d'un gouverneur nommé par le roi de France. Elles nous échappèrent, il est vrai, à diverses reprises, mais demeurèrent profondément françaises. Et, depuis 1816, elles ne sont passées sous aucune autre administration que la nôtre. En 1870 et en 1914, en bons Français qu'ils sont, les Antillais vinrent en masse se battre à nos côtés.

Remarquons encore que la population des Antilles est exclusivement composée de citoyens français. Il se trouve parmi eux un grand nombre de noirs. Chacun sait combien les Américains font bon marché des hommes de couleur. Mais la France ne saurait se livrer à des discriminations de cet ordre. Vendre les Antilles n'aurait pour nous d'autre signification que de vendre 500 000 citoyens français.

Il est facile d'imaginer la répercussion qu'aurait un tel acte sur les Français du Canada, d'Haïti et des États-Unis eux-mêmes. Les derniers liens qui les rattachent à la mère patrie se trouveraient rompus tout net.

Il fut aussi un moment question, on s'en souvient peut-être, de céder la Guyane. Évidemment, la Guyane nous est moins chère que les Antilles, mais elle nourrit néanmoins, la population pénale mise à part, plus de 25 000 Français.

En outre, cette cession serait, politiquement, quasi impossible. Les républiques sud-américaines, le Brésil notamment, n'admettraient pas que les États-Unis, dont elles surveillent jalousement les empiétements, prissent pied sur le continent sud-américain. Y consentir serait nous aliéner définitivement les sympathies brésiliennes et argentines qui nous sont précieuses à plus d'un titre.

Au reste, que pourrions-nous exiger pour prix des Antilles et de la Guyane? Relativement peu de chose. Les premières ne seraient pas d'un grand secours pour l'économie américaine. La seconde nécessite, pour amorcer seulement sa mise en valeur, des dépenses considérables.

En ce qui concerne les établissements français d'Océanie, escale unique dans le Pacifique, et aussi intéressante pour la France que pour les États-Unis, la question d'une cession ne pourrait être un seul instant envisagée, les indigènes s'étant jadis placés d'eux-mêmes sous notre protection. Les archipels océaniens n'ont d'ailleurs pas non plus en eux-mêmes une grosse valeur.

Au point de vue de la valeur intrinsèque, si l'on peut ainsi parler d'une colonie, il est certain qu'aucune des colonies que je viens de citer ne peut être comparée à l'Indochine.

L'idée devait donc venir fatalement à certains esprits d'aliéner notre magnifique possession asiatique. La question fut agitée pour la première fois pendant la guerre. On suggéra alors sa cession au Japon pour obtenir de celui-ci l'envoi en France de quelques centaines de milliers de soldats.

Depuis la guerre, il en fut parlé de nouveau, et l'aliénation de l'Indochine fut évoquée jusque dans le Parlement.

Le grand argument des ennemis de l'Indochine est que, quoi que nous fassions, nous perdrons à bref délai cette colonie, soit qu'une nation étrangère nous la ravisse, soit que les indigènes recouvrent leur indépendance et se débarrassent de la nation protectrice.

Ce sont là sottises pures. Qui donc a intérêt à s'emparer de l'Indochine? Le Japon? Qu'en ferait-il? On ne se rend pas assez compte en Europe qu'une distance énorme sépare le Japon de l'Indochine et que le climat de notre colonie, insalubre pour l'Européen, l'est presque autant pour le Japonais. En tout cas, celui-ci ne pourrait y travailler manuellement ; par suite, l'Indochine ne saurait être pour les Nippons une colonie de peuplement.

Mais, dira-t-on, le Japon pourrait puiser en Indochine les matières premières et les denrées dont il a besoin. D'accord, mais rien ne l'empêche de le faire déjà. Et, en effet, il importe de l'anthracite tonkinois et du riz de Saïgon ; une mission d'ingénieurs japonais est allée, en 1926, au Cambodge, pour y étudier certains gisements de minerai de fer.

Les États-Unis n'auraient pas plus d'intérêt à s'installer en Indochine. Ils ont eu de trop graves mécomptes aux Philippines pour retomber dans une erreur analogue, et l'archipel philippin suffit largement aux besoins d'expansion coloniale des Américains.

Américains et Japonais ne laisseraient pas une autre puissance mettre l'embargo sur l'Indochine. Mais il est non moins certain qu'ils ne se le permettraient pas les uns aux autres. La cession de l'Indochine aux États-Unis provoquerait la rupture de l'équilibre si péniblement créé dans le Pacifique, et la France porterait la responsabilité d'une guerre dont on ne saurait prévoir ni l'ampleur ni les conséquences.

De même que les Pays-Bas conservent, malgré leur faiblesse, le plus beau joyau colonial du monde, savoir les Indes néerlandaises, de même la France conservera l'Indochine sans qu'il lui soit besoin d'une grande flotte pour la défendre et malgré la distance qui la sépare de la métropole.

Cela ne veut pas dire, d'ailleurs, que l'Indochine n'a nul besoin d'être protégée : elle a besoin de défenses contre ses voisins immédiats : Chine et Siam. Tout le monde s'accorde à le reconnaître.

Contre les entreprises possibles d'une grande puissance, il n'est que deux points qu'il soit indispensable de fortifier : ce sont les houillères de la baie d'Along et la baie de Camranh.

Imaginons un conflit entre le Japon et les États-Unis. Étant données les quantités considérables de combustible que consomme une escadre de guerre, les deux flottes auraient à se ravitailler en charbon et, si elles se trouvaient, comme il est à présumer, dans les eaux des Philippines, elles seraient tentées de venir en baie d'Along.

La baie de Camranh leur offrirait un intérêt peut-être plus grand encore, car une escadre embossée dans cette baie magnifique contrôlerait toutes les relations entre l'Europe et l'Asie et pourrait, notamment, couper la « route du riz ». On sait que le Japon est obligé, chaque année, d'importer du riz étranger. C'est pour lui une question vitale, et il n'est guère que trois pays qui puissent lui procurer de quoi « faire la soudure » : la Birmanie, le Siam et l'Indochine, dont les envois passent nécessairement devant Camranh. Mouillés à Camranh, les Américains sont en mesure d'affamer le Japon.

Si la baie n'est pas défendue contre une escadre, quelle qu'elle soit (car les Japonais, craignant que les Américains ne prennent Camranh, pourraient se croire justifiés à les devancer), la France risque d'être accusée d'entente avec la puissance dont les marins seraient entrés premiers dans Camranh.

Ainsi serions-nous entraînés malgré nous dans un conflit dont l'Indochine pourrait finalement faire les frais.

Outre quelques défenses fixes, plus puissantes que nombreuses, il faudrait donc à Camranh, de même qu'en baie d'Along, une base sérieuse d'hydravions pouvant être utilisés aussi bien sur le Mékong que sur mer. L'Indochine ne courrait plus, dès lors, aucun danger extérieur.

Quant au péril intérieur, qu'on me permette de dire qu'il n'existe pas. Je ne prétends point que tous les Annamites aient un culte pour la France. Mais presque tous apprécient la paix qu'elle a donnée au pays, les travaux qu'elle y a exécutés, la politique de progrès qu'elle y applique.

En tout cas, jamais la question indigène ne s'y est posée comme, par exemple, dans l'Inde anglaise, et il est certain qu'elle ne se posera jamais ainsi. Sauf quelques jeunes écervelés dont l'avis n'a aucune valeur, les Annamites n'ont jamais demandé que la France évacuât l'Indochine. Ils savent trop que leur pays ne saurait actuellement vivre libre et qu'il retomberait infailliblement sous une autorité plus dure et moins éclairée que celle de la France.

Nous pouvons, au surplus, faire, pour certaines parties de l'Indochine, la même remarque que pour Tahiti. Le Cambodge s'est placé volontairement sous notre protection, et ni l'Annam ni le Tonkin ne sont des colonies françaises ; ce ne sont que des protectorats. Il nous est moralement interdit d'en disposer.

Laissant de côté tous les éléments sentimentaux, je répète donc avec force : l'Indochine n'est menacée par aucun péril, ni extérieur ni intérieur.

Plaçons-nous maintenant au point de vue pratique :

Croit-on vraiment que nous ferions une bonne affaire en vendant l'Indochine pour 2 ou 3 milliards de dollars, soit 10 ou 15 milliards de francs-or? Elle vaut plus, infiniment plus. Les entreprises considérables qui se sont créées dans la colonie n'ont que tout juste amorcé sa mise en valeur. De sorte que la prospérité actuelle du pays ne donne qu'une faible idée de ce qu'elle sera dans quelques dizaines d'années.

Les profits matériels que la France tirera de l'Indochine seront très supérieurs, j'en ai la conviction, aux annuités qui devraient être versées aux États-Unis d'après l'accord Bérenger-Mellon.

Pour mieux frapper les esprits, j'ai examiné quelques cas concrets de cession de colonies. J'ai poussé la discussion jusqu'au détail pour tenter de convaincre mes adversaires.

Mais la raison capitale pour laquelle il est impossible à la France d'aliéner une partie de son empire, c'est que le jour où un Gouvernement français laisserait discuter officiellement une telle question, le prestige de notre pays serait irrémédiablement compromis, et c'est pourquoi nous devons féliciter M. Léon Perrier qui, faisant allusion en 1925 à des bruits de cession qui cheminaient secrètement, affirma avec énergie à la tribune parlementaire :

« Jamais, à aucun moment, sous aucune forme, dans aucune circonstance, une pareille hypothèse n'a été envisagée et encore moins discutée. Jamais, quelles que soient les heures difficiles ou délicates que nous aurons à connaître, elle ne viendra une seule minute à l'idée du Gouvernement. Les colonies, toutes les colonies, font partie intégrante et sont inséparables de la mère patrie. »

Voilà ce qu'il fallait dire, voilà ce qu'il faut répéter. La France ne cédera jamais la moindre parcelle de son domaine colonial, a-t-on jamais vu un pays se vendre lui-même ? Elle ne le fera pas, parce que c'est un fait d'une impossibilité absolue.

Il faut que l'expression « vendre une colonie » apparaisse à tous les Français comme contradictoire dans les termes, comme un véritable non-sens.

CHAPITRE IV

LES REVENDICATIONS COLONIALES ALLEMANDES ET L'EXPANSION ITALIENNE

En dehors de notre dette envers l'Angleterre et les États-Unis, n'est-il aucun danger pouvant menacer certaines parties de notre empire colonial?

Cette question nous amène tout naturellement à traiter des prétentions coloniales de nos deux plus puissants voisins : l'Allemagne et l'Italie.

On sait que l'Allemagne s'est vu retirer, en vertu du traité de Versailles, les colonies qu'elle administrait. Elles furent remises à la Société des Nations, qui confia à quelques peuples le mandat de les gouverner.

La confiscation de ses colonies fut pour l'Allemagne un coup très sensible. Non point qu'économiquement elles lui fissent défaut. On verra plus loin la place infime qu'occupaient ces terres lointaines dans l'économie germanique d'avant-guerre. Mais la possession de colonies était pour l'Allemagne quasiment un symbole. Toutes les grandes puissances en possèdent. De petits États même en ont d'incomparables. Pour l'Allemand, les colonies étaient donc comme un début de réalisation de cet empire mondial — *Deutschland über alles* — dont la plupart des Allemands rêvaient, dont certains continuent de rêver.

D'autre part, l'Allemagne ne fut point privée de ses colonies en vertu du droit du plus fort, mais au nom de certains principes, au nom d'un idéal proclamé incompatible avec les méthodes colonisatrices de l'Allemagne.

Exactement, l'Allemagne fut déclarée déchue du droit de coloniser.

La sentence ainsi rendue était étayée de raisons, hélas ! trop justifiées.

On comprend sans peine que l'Allemagne s'applique à obtenir la revision d'un arrêt aussi infamant. Cette préoccupation explique l'insistance dont on témoigne outre-Rhin pour récupérer certaines colonies.

Le mouvement colonial aux manifestations duquel on assiste aujourd'hui chez nos adversaires d'hier remonte aux lendemains mêmes de la guerre. Les coloniaux allemands sont peu nombreux (ils n'étaient guère, en 1914, que 24 000 dans les colonies germaniques), mais ils se sont groupés en diverses sociétés, amicales, fraternelles, etc., auxquelles ils ont amené des métropolitains. Elles constituent d'excellents cadres de propagande et une bonne armature pour l'action.

La crise économique dont l'Allemagne a pâti provoqua un chômage intense. Il atteignit en tout premier lieu ceux qui étaient auparavant employés aux colonies ou travaillaient avec elles. Jetés sur le pavé, mis dans l'incapacité, par suite de l'arrêt général des affaires, de trouver un autre emploi, ils prêchèrent le retour à la métropole des colonies perdues, autant par intérêt personnel que par orgueil national.

Un peu partout sur le territoire du Reich, des conférences illustrées de projections furent prononcées ; des manifestations organisées. Certains hommes politiques, jaloux de canaliser à leur profit un courant qui leur paraissait appelé à grossir, encouragèrent ces revendications. C'est alors que furent créés deux organismes importants :

1° L'*Interfraktionnelle Kolonial Vereinigung*, qui groupe des députés appartenant à tous les partis du Reichstag et qui a pour animateur le docteur Schnee, ancien gouverneur de l'Est-Africain, secondé par deux anciens ministres des Colonies, MM. Dernburg et Belle, par M. Sachs, le docteur Quessel, le docteur Külz, etc.

2° Le « Korag », titre abrégé de la *Kolonial Reichs-Arbeit-Gemeinschaft*, ce qui, littéralement traduit, signifie : « Communauté allemande pour le travail dans le domaine colonial. »

Le Korag, que préside le docteur Seitz, ancien gouverneur de l'Ouest-Africain, s'est assigné comme tâche d'unifier la propagande coloniale, de la développer, de lui ménager une place importante dans la vie de la nation. Pour atteindre ce but, rien ne fut épargné : congrès, tournées de propagandistes, brochures, affiches, timbres-poste, parades d'anciens coloniaux, journées coloniales. On alla jusqu'à exalter le rôle colonial de l'Allemagne sur les rondelles de carton que les garçons de brasserie placent sous les bocks des consommateurs.

Autant qu'il était possible, les traditions coloniales ont été reprises. Les journaux et publications géographiques continuent de paraître. Les armateurs ont renoué leurs services avec l'Afrique, y compris, depuis l'été de 1925, un circuit maritime de l'Afrique orientale.

Craignant sans doute d'indisposer l'Angleterre, les milieux officiels allemands firent pendant longtemps la sourde oreille aux réclamations populaires. Les députés ne furent saisis du problème colonial qu'au mois d'août 1925.

A cette époque, le Reichstag eut à discuter de la ratification des traités de commerce conclus avec l'Angleterre et la Belgique.

Pour la première fois depuis la guerre,

d'anciens ennemis traitaient avec l'Allemagne sur la base de la nation la plus favorisée. Une telle faveur semblait justifier tous les espoirs. Aussi les coloniaux ne cachèrent-ils pas leur indignation quand ils constatèrent que les Allemands qui voudraient se rendre au Congo belge ou dans les sultanats ex-allemands de Ruanda ou d'Urundi auraient à solliciter une autorisation spéciale du Gouvernement belge, tant pour y séjourner que pour s'y établir et y acquérir des biens fonciers.

M. Dernburg et M. Schnee s'élevèrent avec véhémence contre cette clause du traité. Ils convinrent qu'avant la guerre il y avait à peine douze Allemands au Congo belge. Mais ils dénoncèrent « la mesure de force visant à empêcher les Allemands d'atteindre à l'égalité ».

Les Anglais, s'ils se montraient assez généreux et accordaient aux Allemands des droits étendus dans les colonies de la couronne, réservaient pourtant la liberté des dominions, de l'Inde et des territoires sous mandat.

Les orateurs du Reichstag reprochèrent également aux Anglais d'avoir manifesté la volonté officielle d'incorporer de façon permanente, à l'Empire britannique, le Tanganyika (ancien Est-Africain allemand), et aux Belges d'avoir projeté de placer sous l'administration du Congo les sultanats sous mandat de Ruanda et d'Urundi.

Sur ce dernier point, le reproche visait autant la Société des Nations que les puissances mandataires elles-mêmes. Cette protestation fut le début de la politique qui tend à poser le problème colonial allemand devant le Conseil de Genève.

M. Stresemann manifesta un certain embarras pour répondre à MM. Schnee et Dernburg : « Pour rétablir nos affaires dans les territoires d'outre-mer, dit-il, il nous faut procéder par degrés. » Il fit valoir encore que le traité germano-belge offrait nombre d'avantages au point de vue de la métropole ; que si, au point de vue des colonies, il n'était pas pleinement satisfaisant, on s'en pouvait consoler en pensant que sa durée ne serait que de deux années !

En ce qui concernait les derniers griefs, M. Stresemann annonça qu'il allait protester auprès de la Société des Nations, les mesures projetées par la Belgique et par l'Angleterre étant contraires aux stipulations du traité de paix.

En préparant l'admission de l'Allemagne dans la Société des Nations, les accords de Locarno étaient de nature à faire naître de grandes espérances dans les cœurs allemands. Une fois dans le Conseil de la Société des Nations, l'Allemagne ne pourrait-elle pas se voir attribuer, elle aussi, l'exercice d'un mandat colonial?

Le bruit courut même alors que l'Angleterre était prête à renoncer à ses mandats sur les parties du Cameroun et du Togo allemand qui lui avaient été dévolues. Ce bruit s'appuyait principalement sur le fait que le Gouvernement britannique avait permis à des sociétés allemandes de racheter pour 4 500 000 marks-or les anciennes plantations allemandes de la zone britannique du Cameroun. Le Foreign Office démentit cette rumeur. Il affirma à nouveau qu'« il n'y a pas plus de raison de croire que le Cameroun britannique puisse être remis à une autre puissance que de croire qu'il puisse devenir une colonie ou un protectorat britannique ».

Mais cette déclaration très nette ne mit pas un terme à la campagne allemande. Celle-ci trouva de sûrs alliés dans tous les nationalistes, dès qu'ils aperçurent l'occasion offerte de pratiquer une brèche dans le traité de Versailles.

Les coloniaux allemands attendaient un nouveau prétexte pour tenter d'ameuter l'opinion. Ils crurent l'avoir trouvé dans les déclarations de M. Briand à l'assemblée de la Société des Nations, en mars 1926. Les Gouvernements français, anglais et belge remirent les choses au point en publiant officiellement que, « en qualité de membre de la Société des Nations, l'Allemagne pourrait être un candidat posibles pour des mandats coloniaux, comme tous les autres membres », mais qu'aucune promesse ne lui avait été faite.

La question devait rebondir à l'occasion d'un discours que prononça M. Schacht, président de la Reichsbank, à la Société coloniale allemande.

Le Dr Schacht posa comme prémisse que, « pour un pays aussi peuplé, aussi industrialisé que l'Allemagne, il est impossible de maintenir une activité économique normale, une monnaie saine, sans posséder de colonies ».

Cette proposition aurait eu besoin d'être démontrée. M. Schacht se garda de le faire. Il préféra exposer sous quelle forme il considérait comme possible la reprise de l'activité coloniale germanique. Il préconisa la création de grandes sociétés d'entreprises coloniales privées et privilégiées, sortes de « Chartered Companies », qui jouiraient de droits très étendus, ne blessant pourtant aucun prestige politique.

Cette suggestion provoqua une violente polémique. Elle posait le problème sur le terrain économique et présentait un intérêt pratique indéniable. Les modérés le comprirent et se rallièrent au président de la Reichsbank.

Mais les nationalistes poussèrent les hauts cris. La formule des Chartered Companies, disaient-ils, appartient au passé ; on a tendance à les supprimer partout où elles existent.

« Ce qu'il nous faut, écrivaient les *Hamburger Nachrichten*, — et nous y avons droit en dépit du traité de Versailles — ce sont des colonies à nous, où chacun pourra se mouvoir et travailler librement dans les limites tracées par les lois, sans subir la tutelle d'une société d'un genre ou de l'autre. »

De son côté, le général von Liebert, qui exerça un haut commandement dans les colonies allemandes, soutint que l'Allemagne doit récupérer à tout prix ses colonies. Le moyen, selon lui, le plus simple est de bouleverser les empires coloniaux existants. « On peut, dit-il, trouver des alliés dans les races de couleur que la guerre a exaspérées, dans le grand mouvement nègre provenant d'Amérique et qui a pour mot d'ordre : l'Afrique aux Africains ; dans la population musulmane vivement irritée par les exploits des Français au Maroc et en Syrie ; enfin dans la grande agitation chinoise. » Et, dédaignant de farder sa pensée, le général von Liebert conseillait, comme début, « de déclencher adroitement un mouvement qui fasse rouler la vague chinoise vers le sud, au-dessus de la frontière française, afin de submerger les provinces du Tonkin, d'Annam et de Cochinchine ».

Singulière disposition, on l'avouera, pour entrer à la Société des Nations. Néanmoins, nous croyons savoir que cet état d'esprit est celui d'un nombre relativement faible d'Allemands. La majorité des nationalistes eux-mêmes se contente de penser, avec le Dr Külz, que « la réintégration de l'Allemagne dans les puissances coloniales du monde est, pour elle, une question de droit allemand, d'honneur allemand, une question d'égalité économique, politique et culturelle ». Ce qui signifie, en somme, que l'Allemagne n'attache pas autrement d'importance aux colonies, mais qu'elle en réclame pour porter le dernier coup au traité de Versailles et pour reconquérir un peu de son prestige mondial.

Par contre, il est des Allemands qui redoutent que leur pays ne se laisse hypnotiser par une question qu'ils tiennent pour secondaire. Un article de la *Frankfurter Zeitung* a rappelé que le commerce colonial ne représentait, en 1913, que 110 millions de marks sur un total de 20 milliards pour le commerce extérieur germanique, soit à peine plus de 0,5 p. 100; que les colonies allemandes comptaient à peine 24 000 Allemands en 1914; que certaines régions allemandes sont très peu peuplées, tel le Mecklembourg-Strelitz, qui ne compte que 36 habitants au kilomètre carré, alors que la Saxe en a 311, et qu'ainsi des possibilités de colonisation existent, à l'intérieur même du Reich.

D'autre part, quels territoires accorderait-on à l'Allemagne? Des déchets, certainement, des colonies de rebut dont elle ne pourrait tirer nul profit; d'autant que les races de couleur s'éveillent et que les formules anciennes de colonisation semblent périmées.

L'opinion moyenne allemande paraît donc bien se désintéresser de la question coloniale. Les partis de gauche sont, par principe, hostiles à la colonisation. Quant au gouvernement, il voit surtout dans la campagne coloniale un moyen de pression sur la France et sur l'Angleterre.

Les Allemands sont en effet incapables de fournir, en dehors des raisons de prestige ci-dessus évoquées, aucun motif sérieux en faveur de la restitution au Reich de ses anciennes colonies.

Celles-ci constitueraient, ont suggéré certains, une « soupape » au besoin d'expansion de sa population. La bonne plaisanterie ! Avant la guerre, les Allemands émigraient en masse aux États-Unis, au Brésil et en Argentine. La « soupape » coloniale n'avait pas fonctionné en 1914 !

L'industrie allemande, dit-on encore, a besoin de matières premières. Mais ne peut-elle s'en procurer partout? L'accord commercial franco-allemand a établi le principe de la porte ouverte dans nos colonies au profit des Allemands.

Aussi facilement que les Français eux-mêmes, les Allemands peuvent maintenant commercer avec nos colonies. Ils n'avaient d'ailleurs pas attendu cet accord commercial. Tous les coloniaux savent que nos bois de la Côte d'Ivoire prenaient, depuis longtemps déjà, le chemin de Hambourg.

On a vu plus haut que les Allemands ont racheté leurs plantations de cacao dans le Cameroun britannique. Ils se sont également installés à Fernando-Po et dans l'ancienne Afrique orientale allemande. Au nord du Mozambique, on en dénombre plusieurs centaines. Dans l'Afrique du Sud-Ouest ils exploitent des mines d'étain. Dans l'Angola, ils organisent des plantations de café, et en Guinée portugaise ils exploitent le palmier à huile.

En ce dernier point, ils ont acquis une partie des îles Bissagos (toutes les îles centrales) et l'on peut craindre qu'ils n'y constituent une base sous-marine qui deviendrait éventuellement très redoutable.

Cependant, tout cela réuni n'est au demeurant pas grand'chose. La propagande coloniale allemande, qui s'affirme par des « semaines coloniales » et des manifestations plus ou moins ridicules, ne peut être pour le Gouvernement du Reich qu'un moyen de chantage et un nouvel engin de guerre contre le traité de Versailles.

Envisagée sous cet angle seulement, elle n'en est pas moins intempestive. Il importe qu'elle se heurte à Genève à une fin de non-recevoir catégorique des puissances.

La France n'a pas à « restituer » le Togo et le Cameroun qu'elle administre à la satisfaction de la Société des Nations. Ils complètent ses possessions de l'Afrique occidentale.

L'Angleterre ne peut, pour la même raison, abandonner l'ancien Est-Africain allemand qui représente un anneau de la chaîne qu'elle a patiemment forgée du Caire au Cap. Quant aux parties des anciennes colonies allemandes du Togo et du Cameroun qu'elle administre, elle n'ignore point que la France y jugerait certains voisinages particulièrement indésirables.

L'Allemagne parut un instant jeter son dévolu sur les colonies portugaises d'Angola et du Mozambique qui traversent une crise économique assez sérieuse. Mais le Gouvernement de Lisbonne manifesta sa volonté de n'abandonner aucune parcelle des possessions portugaises. Et l'Angleterre ne permettrait pas à l'Allemagne de s'installer dans l'Afrique méridionale.

Ainsi, toutes les puissances qui ont signé le traité de Versailles, à moins de vouloir que le coup de grâce lui soit porté, sont tenues de faire bloc contre les prétentions germaniques. La pire des politiques serait que chacun crût habile de détourner la foudre sur son voisin pour se préserver plus sûrement. Ce ne sera pas la politique de la France qui s'opposera aussi bien à la restitution du Tanganyika à l'Allemagne qu'à celle du Togo et du Cameroun.

Au reste, il y a là un problème qui

dépasse chaque nation pour intéresser l'humanité entière. L'Allemagne a pratiqué une politique coloniale abominable dont les nations civilisées ne peuvent que rougir. A bon droit le traité de Versailles l'a déclarée indigne de coloniser. Ce serait manquer à tous nos devoirs envers les races indigènes que de passer l'éponge sur le passé colonial de l'Allemagne.

On peut oublier des erreurs, amnistier des fautes ; on ne saurait absoudre des crimes.

La compétition italienne n'est pas née d'hier. Elle remonte à près d'un demi-siècle ; exactement au jour où la France plaça la régence de Tunis sous son protectorat.

Il faut remarquer, néanmoins, qu'à cette date, pas plus qu'aujourd'hui, l'Italie ne pouvait revendiquer aucun droit sur la Tunisie. La proximité de la Sicile avait bien incité un assez grand nombre d'Italiens à passer la mer ; mais ils n'étaient pas récompensés de leurs efforts. Le pays tunisien était mal administré, en proie à un désordre en quelque sorte endémique, dépourvu de l'outillage économique le plus indispensable.

Avant la guerre, l'Italie n'osa jamais manifester ouvertement sa déception de nous voir en Tunisie. L'Italie était pauvre, peu industrialisée et le désastre d'Adoua l'avait découragée pour un temps dans ses ambitions coloniales.

Lors de la signature du traité de Versailles, s'il ne fut point question de l'Italie dans l'attribution des mandats à exercer sur les anciennes colonies allemandes, elle réclama à la Grande-Bretagne et à la France certaines rectifications de frontières, mais aucune demande ne fut formulée au sujet de la Tunisie.

Aujourd'hui l'Italie paraît être dans une situation relativement brillante, et M. Mussolini a insufflé à son peuple une grande ambition. Il a revendiqué l'héritage de l'ancienne Rome ou tout au moins partie de l'hoirie, et il a multiplié les occasions solennelles de rendre ses revendications publiques.

C'est en réalité l'admission de l'Allemagne à la Société des Nations et l'éventualité d'un mandat colonial à lui accorder qui ont fourni à M. Mussolini l'occasion de monter la campagne coloniale que l'on sait.

Mais il faut avouer que les démonstrations de M. Mussolini ne sont guère faites pour lui concilier les sympathies de la Société des Nations. Sans parler du bombardement de Corfou, un peu oublié, le voyage du « duce » en Libye au mois d'avril 1926 a été peu goûté à Genève.

On se rappelle que le dictateur passa alors une revue de la flotte italienne et se rendit à Tripoli sur un cuirassé.

Les nombreux discours qu'il prononça à cette occasion abondent en allusions qui seraient singulières si elles n'en disaient long sur les rêves de l'Italie nouvelle.

A son départ d'Ostie, il s'écrie : « Nous sommes méditerranéens, et notre destinée, sans copier personne, a été et sera toujours sur mer ». Hélas ! ces paroles nous les avons entendues déjà, et quand M. Mussolini « copie », il choisit bien mal son modèle !

A Tripoli, il n'hésite pas à dire : « Mon voyage ne doit pas être interprété comme un acte d'administration ordinaire. J'entends qu'il soit ce qu'il est réellement : une affirmation de puissance du peuple qui tire ses origines de Rome et qui porte le fascisme triomphant et immortel de Rome sur les rivages de la mer africaine; c'est la destinée et surtout notre volonté inébranlable ».

Voilà, semble-t-il, deux citations qui montrent assez le caractère mystique de l'impérialisme italien. « Ce voyage, a-t-on pu lire encore dans la presse italienne, entend être l'introduction de l'histoire coloniale italienne qui est tout entière en devenir. »

Tout cela signifie, clair comme le jour, que l'Italie entend ne pas se contenter des colonies qu'elle possède.

Pourquoi? Elle invoque à l'appui de ses espérances un certain nombre de raisons qu'il est bon d'examiner de près.

En ce qui concerne les profits que les nations victorieuses ont tirés de la grande guerre, il serait injuste de croire que la France a gagné proportionnellement plus que l'Italie. L'Alsace-Lorraine nous revenait de droit autant qu'à l'Italie le Trentin et Trieste. Tout ce que nous avons retiré de quatre ans de lutte, c'est un mandat sur une partie du Togo et du Cameroun allemand et sur la Syrie. Nous n'avons même pas obtenu notre sécurité, qui eût été pourtant le gain le plus précieux pour nous. Ce gain, l'Italie l'a réalisé, puisque l'Empire austro-hongrois qui la menaçait a disparu de la carte d'Europe.

De plus, l'Italie a obtenu de la France la rectification de frontière Rhac-Gadames et de l'Angleterre le Jubaland, merveilleuse colonie de peuplement. L'Angleterre lui a cédé depuis l'oasis de Djaraboud.

Nous avons entendu M. Mussolini revendiquer l'ancien Empire romain. C'est là une des idées chères aux fascistes, celle qui fait peut-être le plus d'impression sur la masse.

Or, sans vouloir désobliger en rien nos amis italiens, il faut bien convenir que les habitants de l'Italie moderne descendent, pour une assez faible part, des Romains, conquérants du monde. Les invasions barbares se sont succédé nombreuses en Italie. L'élément actif du pays n'est-il pas précisément aujourd'hui cette Gaule cisalpine que les Romains rangeaient dans les pays barbares et qui fut si longtemps en lutte contre Rome?

Comme héritière de l'Empire romain, l'Italie moderne réclame la Corse, Nice, le Tessin, les Grisons, la Dalmatie, l'île de Malte, la Tunisie. Nous ne voyons pas pourquoi elle ne réclamerait pas aussi la France, la Belgique, l'Espagne, une partie de l'Angleterre, de l'Allemagne, de l'Asie-Mineure et toute l'Afrique du Nord. Pourquoi s'arrêter quand on est en si bonne voie?

On se demande même si l'Italie ne viserait pas à absorber la France, lorsqu'on lit ceci dans les publications quasi officielles de la Péninsule : « Si Paris croule, Rome croule, tout croule, et vice versa ; tandis qu'en se soutenant mutuellement, non point en s'alliant, mais *en s'unifiant*, la France et l'Italie assurent l'avenir de l'idée latine en Europe et dans le monde. »

M. Mussolini, lui aussi, parla jadis de faire de Rome « la capitale merveilleuse de tout le monde latin ». Ceux qui le connaissent se doutent qu'il ne parlait pas seulement au point de vue intellectuel et artistique.

Peut-on faire mieux que de sourire devant de telles prétentions?

Les puissances ont, paraît-il, le devoir de procurer des colonies à l'Italie, sous prétexte qu'il faut à celle-ci des débouchés à son émigration et des matières premières à son industrie.

Constatons simplement que les Italiens

qui, chaque année, émigrent en grand nombre, trouvent toujours des terres qui les accueillent. Ils vont d'ailleurs beaucoup plus volontiers en France, aux États-Unis ou en Argentine qu'en Tripolitaine, en Érythrée ou en Somalie. La France n'a jamais pris de mesures restrictives contre l'immigration italienne, pas plus dans ses possessions que sur son propre sol.

En ce qui concerne les matières premières, il peut être fort agréable de produire celles dont on manque. Mais ce n'est pas à la portée de tous. Ceux qui ne peuvent se suffire à eux-mêmes — ce qui est plus ou moins le cas de tous les États civilisés — se ravitaillent d'ailleurs aisément sur les marchés mondiaux.

Ce que l'on doit répondre surtout à l'Italie impérialiste, c'est que la France a peiné pendant des siècles pour se constituer un empire colonial. Elle n'a épargné ni les hommes ni l'argent pour le défendre. Maintes fois elle a compromis sa propre sécurité pour faire reconnaître ses droits coloniaux ; sans remonter bien loin dans l'histoire, il suffit de prononcer deux noms, Algésiras et Fachoda, pour mesurer quels périls la France affronta parfois afin de créer un domaine d'outre-mer.

Pourquoi l'Italie n'a-t-elle pas eu, comme la France, des navigateurs soucieux de porter au loin le prestige de leur pays, des explorateurs intrépides, des missionnaires à qui la foi ne faisait pas oublier la patrie? Ce n'est pas, à coup sûr, de notre faute.

Ce n'est pas non plus de notre faute si, le 1er mars 1896, l'armée italienne fut écrasée à Adoua par les guerriers abyssins de Ménélick. Si le maréchal Bugeaud avait été jeté à la mer par Abd-el-Kader, nous ne serions sans doute pas aujourd'hui en Algérie. Mais nous n'en manifesterions aucune surprise.

La vérité est que l'Italie a échoué dans ses entreprises coloniales. En Érythrée et en Somalie, elle n'a pour ainsi dire rien fait. Pourtant il y a là-bas plus de 100 000 hectares de bonnes terres à coton. L'Érythrée, malgré ses 116 000 kilomètres carrés, compte moins de 4 000 Italiens ; la Somalie en nourrit moins de 1 000 sur ses 485 000 kilomètres carrés. La mise en valeur de ces deux pays est à peu près nulle.

En Libye, la sécurité politique est précaire. Pendant la guerre, les Italiens y contrôlaient seulement quelques ports. Tout l'intérieur était en révolte. Les garnisons italiennes y sont encore fréquemment obligées de tenir tête aux indigènes, et elles éprouvent parfois des pertes douloureuses.

Ainsi, tant du point de vue politique que du point de vue économique, les Italiens se sont révélés de médiocres colonisateurs.

Mais la Tunisie? dira-t-on.

En Tunisie, les Italiens ont certes fait du bon travail ; mais surtout depuis que le pays est placé sous l'administration française. Bien administrés, dirigés et encadrés, les Italiens peuvent faire d'excellente besogne. Ils le prouvent partout où ils passent. En revanche, l'Italien paraît peu apte à diriger, à prendre des initiatives.

Comment se fait-il qu'aux États-Unis, où émigrèrent un nombre considérable d'Italiens, on n'en voit aucun au Parlement, dans les hauts postes administratifs, ou dans les grandes situations industrielles.

La Tunisie est évidemment le point de friction entre la France et l'Italie (La question de Tanger est accessoire et n'a qu'une valeur symbolique). Ce point sera sensible aussi longtemps que la colonisation française de la régence ne sera pas intensifiée. Si les Français y avaient été en majorité, ils auraient absorbé les Italiens ; tout comme, dans le département d'Oran, ils ont complètement assimilé les Espagnols, pourtant à peine moins nombreux.

Au reste, l'émigration italienne en Tunisie a diminué durant ces dernières années, je ne serais pas autrement surpris si, en dépit de toutes les croisières et missions « d'italianité », les Français, bien qu'en minorité, absorbaient assez rapidement l'élément italien. Les mariages inévitables entre représentants des deux races donneront légalement des enfants français. L'élite, qui est française, agglutinera plus ou moins vite, mais fatalement, toutes les unités agissantes qui s'élèveront au-dessus de la masse amorphe des petits agriculteurs et des artisans.

La France doit la Tunisie à ses soldats, à sa politique, à son administration. La Tunisie lui doit reconnaissance parce que, de pays pauvre, elle est devenue pays prospère. Et les Italiens qui y sont établis doivent encore plus de gratitude à la France qui leur permet de vivre tranquilles et de travailler en paix.

Mais, j'y songe, il y a en Égypte 40 000 Italiens contre 25 000 Anglais. Et l'Égypte vaut bien la Tunisie?

CHAPITRE V

LE PERSONNEL COLONIAL

Si la France est la seconde puissance coloniale du monde, elle n'est pas redevable, nous l'avons vu, de cette situation à l'activité raisonnée des gouvernements qui se sont succédé depuis deux siècles, mais bien plutôt à une série de hasards et à une sorte d'instinct de la race.

Encore, ces hasards et cet instinct n'eussent-ils pas suffi, si les hommes avaient été inférieurs à leur tâche. C'est donc, en définitive, aux qualités exceptionnelles de ceux qui acceptèrent de servir la cause coloniale que la France doit d'avoir conquis et d'avoir conservé son domaine d'outre-mer.

Si je réunis ces hommes sous l'appellation commune de « personnel colonial », qu'ils soient militaires, fonctionnaires civils ou colons, c'est pour bien marquer qu'à mon avis ils sont sur le même plan, qu'ils furent, sont et seront, les uns et les autres, également indispensables.

On a parlé des jalousies, des rivalités, de querelles coloniales. Des colons ont pu envier des fonctionnaires ; des fonctionnaires ont pu gêner parfois l'œuvre des colons. Ces « frictions » sont rares ; elles sont inévitables dans le cercle restreint d'hommes vivant isolés des années durant, d'hommes souvent malades ou rendus neurasthéniques par un climat exceptionnel.

Mais ces menus incidents de la vie coloniale, quoiqu'on ait parfois cherché à les grossir, n'ont aucune importance. Ce qui compte, c'est le résultat auquel ont abouti militaires, fonctionnaires et colons, travaillant de concert. C'est l'œuvre magnifique qu'ils ont réussi à dresser. C'est l'accord complet qui règne entre eux dès que l'intérêt supérieur du pays entre en jeu.

L'œuvre de nos troupes coloniales a été multiple, et il est aujourd'hui difficile de se faire une idée exacte de la tâche accablante qui fut la leur.

Dans la conquête elle-même, les militaires furent fréquemment entravés par la timidité de l'administration civile, par des considérations diplomatiques que l'on baptisait « nécessités », et surtout par la médiocrité des moyens mis à leur disposition.

Envoi « au compte-gouttes » de renforts et de matériel, manque d'argent, impatience des « métropolitains » prétendant que « ça n'avançait pas » ; instabilité du commandement, rien n'a été épargné à notre armée coloniale. Et ceux qui étudient dans le détail l'histoire de la conquête de nos colonies se demandent comment les chefs purent montrer une pareille abnégation, sacrifier aussi délibérément leur amour-propre à leur idéal.

Avec une poignée d'hommes et un mauvais matériel, incompris le plus souvent des états-majors des ministères, fréquemment en butte à l'hostilité cruelle d'une opinion publique fourvoyée, nos chefs militaires ont réussi à pacifier des étendues immenses et des peuples farouches. C'est qu'ils trouvaient en eux-mêmes des armes aussi puissantes que les canons et les baïonnettes qui leur manquaient, savoir, un esprit de justice qui forçait l'admiration de l'indigène et s'alliait toutes les sympathies. Je ne parle point de leurs éminentes qualités d'organisateurs et d'administrateurs.

L'œuvre administrative, voire scientifique, de ces conquérants n'est pas moins admirable que leur œuvre proprement militaire. On a justement qualifié d' « âge d'or » de la Cochinchine la période pendant laquelle elle fut gouvernée par des amiraux, époque d'une activité intellectuelle intense. Elle nous a légué cette précieuse bibliothèque d'*Excursions et Reconnaissances*, rédigée par des officiers, chefs de province ou en missions, collection aujourd'hui indispensable à l'historien autant qu'au géographe.

Les militaires trouvèrent dans les administrateurs civils des successeurs dignes d'eux.

Dans les débuts, le recrutement de l'administration coloniale fut assez mêlé. Elle recueillit souvent des fonctionnaires métropolitains ayant éprouvé quelque déception, quelque chagrin, ou bien dégoûtés de la vie sédentaire et désireux de vivre libres, en plein air, dans un pays neuf.

Ce fut par suite un amalgame tout à fait extraordinaire où des hommes de l'aspect le plus distingué, de la nature la plus délicate, coudoyaient des rustres au cerveau borné et dépourvus de connaissances même élémentaires.

Le miracle fut que ces derniers firent généralement de bonne besogne. Et si l'on peut sourire de ces administrateurs de « l'époque héroïque », comme on dit, on doit saluer bien bas leur œuvre. Ce sont eux qui ont posé les fondements de notre administration coloniale. Ce sont eux qui, les premiers, entrèrent en contact avec les indigènes, et ce sont eux qui surent leur donner une haute idée de la France et de ses représentants.

Il semble que la tâche élevée qui leur incombait, au lieu de les écraser, les haussa jusqu'à elle. Ils administrèrent avec justice, avec sagesse, avec autorité.

Depuis, les temps ont changé, et les

Français ont perdu cette répugnance qu'ils avaient autrefois pour la carrière coloniale. Je n'exagère rien en affirmant que notre administration coloniale représente aujourd'hui une élite.

C'est une élite au point de vue de l'instruction. On exige plus des fonctionnaires coloniaux que des autres. Pour être sous-préfet, par exemple, point n'est besoin d'un diplôme. Pour être rédacteur des services civils de l'Indochine, emploi qui conduit, au bout de quelques années seulement, au grade d'administrateur adjoint, équivalent à la fonction de sous-préfet, il faut être pourvu d'une licence et passer par surcroît un examen assez difficile.

L'administration coloniale est encore une élite au point de vue de l'intelligence. Les fonctionnaires y doivent sans cesse acquérir des notions nouvelles. La routine leur est défendue. Ils ont à effectuer cette année tel travail ; l'année prochaine, ils en feront un autre très différent ; souvent ils doivent exercer à la fois tous les métiers.

Je ne résiste pas à la tentation de citer ce passage de *l'Oncle d'Afrique*, du regretté Charles Renel, où un chef de province de Madagascar fait de sa vie le tableau suivant :

« .... Je deviens tour à tour, entre le lever et le coucher du soleil, ingénieur des Ponts et Chaussées, commissaire de police, inspecteur des écoles, contrôleur des finances, inspecteur des marchés, juge d'instruction.... Aujourd'hui, je réconcilie des clans ennemis ; demain, je serai peut-être obligé de faire le coup de feu contre une bande de rebelles. Je suis le sous-préfet et en même temps le rat de cave, le juge et le gabelou de l'endroit. »

Ajoutez à cela que le fonctionnaire colonial est dans l'obligation de parler l'idiome des indigènes qu'il administre — à vingt-cinq ou trente ans, il n'est pas facile d'apprendre des langues comme l'annamite — que, lorsqu'il connaît bien une province, on l'envoie dans une autre où il a tout à étudier, où souvent les usages, les coutumes, la réglementation ne sont plus les mêmes ; car on ne se gêne pas pour promener un fonctionnaire de la Cochinchine, colonie française, au Tonkin, pays de protectorat.

Alors que le fonctionnaire métropolitain s'achemine tranquillement vers la retraite en compulsant les mêmes dossiers, dans les mêmes bureaux, son collègue colonial vit dans une agitation incessante, dans une transformation perpétuelle. On imagine aisément la fatigue qui résulte d'une pareille existence et l'usure rapide dont sont victimes certains coloniaux.

Le jeune homme qui entre dans l'administration coloniale sacrifie tout ce qui lui est cher ; il accepte l'expatriation, l'instabilité de son foyer, le travail intense sous des climats épuisants ou malsains.

Et quels avantages lui offre-t-on en échange? Rien, moins que rien.

Comme l'a fort justement remarqué le regretté gouverneur Delafosse, les soldes coloniales et les retraites devraient être au moins doubles, et l'avancement deux fois plus rapide que dans la métropole.

Le fonctionnaire colonial peut réaliser quelques économies aux colonies, mais il les dépense intégralement pendant ses séjours en France, étant obligé d'aller aux eaux et de vivre à l'hôtel, si bien que souvent il ne peut, faute d'argent, jouir de tout son congé et se voit contraint de repartir plus tôt à la colonie. N'est-ce pas lamentable?

Depuis quelques années, la hausse de la piastre a rendu avantageuse la situation de certains fonctionnaires de l'Indochine, mais on ne saurait oublier qu'avant la guerre ces mêmes fonctionnaires étaient très pauvres et ne pouvaient faire d'économies.

Et que dire des fonctionnaires de Tahiti, qui sont actuellement payés en francs et qui vivent en dollars, le prix du pain variant avec le change du dollar? C'est pour eux, non plus la pauvreté, mais la misère, une misère affreuse.

La hausse de la piastre a fait naître une idée assez bizarre : tous les cadres coloniaux fusionneraient en un seul et tous les fonctionnaires iraient à tour de rôle en Indochine.

Il est presque superflu de dire que cette conception est saugrenue Elle ne pourrait avoir que des effets lamentables. La seule fusion qui vaille d'être réalisée, ce n'est pas celle des cadres locaux entre eux, mais du cadre métropolitain avec les cadres locaux.

Le cadre du ministère des Colonies ne répond à aucun besoin. Il est, du reste, squelettique. Le concours de rédacteurs ne suscitant plus de candidats, tous les services sont réduits à faire appel à des fonctionnaires des cadres locaux en congé, auxquels on donne, d'ailleurs, des emplois dérisoires et dont on utilise aussi mal que possible la compétence. Le personnel du ministère ne devrait se composer que de fonctionnaires des cadres locaux qui, pour des raisons de santé ou de famille, auraient besoin de passer à Paris plusieurs années. Le travail du ministère y gagnerait. Il serait assuré par de vrais coloniaux, ayant l'habitude de l'action. Les cadres locaux y gagneraient aussi, car ils verraient leur revenir un personnel dont quelques années d'administration centrale auraient élargi l'esprit, et qui serait habitué à envisager les questions de plus haut.

Une telle mesure ferait tomber les cloisons étanches qui existent entre les colonies et l'administration centrale. Dans l'état actuel des choses, cette dernière se trouve isolée ; situation d'autant plus fâcheuse que le ministre est isolé avec elle. Si les fonctionnaires de la rue Oudinot se renouvelaient sans cesse, le contact avec les colonies ne serait jamais perdu.

De même, dans chaque colonie, ce sont généralement les mêmes fonctionnaires qui se trouvent auprès du gouverneur général. Grosse erreur. Il est regrettable de voir des administrateurs faire toute leur carrière comme chefs de cabinet et parvenir parfois au grade de gouverneur sans avoir jamais dirigé une province ou un cercle.

Il conviendrait aussi de restreindre le plus possible le « nomadisme » des fonctionnaires coloniaux. Il n'est pas rare de voir un magistrat de Madagascar nommé en Nouvelle-Calédonie, y passer dix-huit mois et être promu ensuite à Dakar ; pour peu qu'il ait femme et enfants il coûte à l'État, en deux ans, plus de 100 000 francs de frais de passage.

Il est nécessaire de prévoir des avancements sur place et on devrait spécialiser le plus possible les fonctionnaires : celui qui débute à la Côte d'Ivoire, par exemple, devrait y rester jusqu'à ce qu'il ait atteint le grade le plus élevé auquel il puisse prétendre dans cette colonie, à moins qu'une colonie voisine manquât de fonctionnaire capable de remplir un emploi

6

déterminé ou susceptible d'être nommé à un grade élevé.

L'inconvénient de la « valse » perpétuelle est grave, surtout pour les administrateurs qui, lorsqu'ils rentrent de congé, savent qu'ils peuvent être envoyés à la tête de n'importe quelle province, sauf celle qu'ils dirigeaient avant leur congé, celle justement qu'ils connaissent bien et où ils se sont fait aimer et respecter.

Il s'ensuit chez les fonctionnaires un certain dégoût, une lassitude bien compréhensibles : pourquoi se donner tant de mal à connaître dans un pays les choses et les gens puisque, dans trois ans, on sera envoyé ailleurs? Ce sentiment est trop humain pour qu'on puisse en faire grief à ceux qui l'éprouvent et qui en souffrent.

Les changements que l'on impose aux fonctionnaires seraient de nature à faire croire qu'on se défie d'eux. A ce titre, ils sont aussi injurieux que l'institution désuète de l'inspection coloniale. Celle-ci pouvait avoir sa raison d'être lorsqu'on n'était pas sûr des fonctionnaires qu'on expédiait outre-mer. Présentement, les inspecteurs des colonies ne servent qu'à ruiner l'esprit d'initiative chez les fonctionnaires et à leur rappeler que la paperasserie est reine aux colonies comme en France.

Aussi bien, lorsque par hasard une malversation a été commise, elle n'est jamais découverte par les inspecteurs des colonies qui n'ont ni pratique administrative ni connaissance véritable des pays qu'ils visitent.

Alors que les fonctionnaires coloniaux devraient être surtout des hommes d'action — en fait ils le sont —, on s'ingénie à faire d'eux des bureaucrates. Le moindre chef de poste a, chaque semaine, à remplir les états les plus extraordinaires, à établir des rapports sur les questions les plus effarantes. Besogne fastidieuse, besogne inutile qu'il ne peut accomplir qu'en négligeant ses devoirs ou en veillant chaque nuit au détriment de sa santé. Qu'on supprime donc les paperasses superflues. Qu'on ne noie pas les pays neufs que sont nos colonies sous le flot des circulaires, des arrêtés, des décisions et des rapports.

Il faut attacher le fonctionnaire à la terre qu'il administre. Pour cela, il ne suffit pas de le laisser le plus longtemps possible dans le même emploi, de le libérer des entraves qui paralysaient son action, il faut encore accroître ses pouvoirs et lui donner une autorité plus grande. Au temps où leur recrutement était assuré vaille que vaille, les chefs de province disposaient d'un budget important. Il leur a été enlevé depuis qu'ils représentent une élite. Quelle logique !

Il faudrait aussi permettre à notre fonctionnaire colonial de s'intéresser matériellement et personnellement au développement de la colonie où il se trouve. On ne devrait plus voir se renouveler le cas de ce sous-intendant qui, ayant acheté des terrains à Hanoï, fut mis par ses supérieurs en demeure de les vendre. Ainsi, il lui était interdit de placer dans la colonie ses maigres économies ! A quel préfet de France interdit-on d'acheter une propriété dans son département ?

Sur toute la ligne, il faut améliorer le sort du fonctionnaire colonial. Il faut lui donner la place qu'il mérite, à laquelle il a droit. Pour une fois, prenons exemple des Anglais et des Hollandais. Ils font à leurs coloniaux des situations dignes d'eux. Il n'est pas besoin d'être un très haut fonctionnaire de l'*Indian Service* pour jouir d'une retraite de 1 000 livres sterling. Nous sommes loin des 25 000 francs octroyés à nos gouverneurs !

On ne se pénétrera jamais assez de ce fait que le fonctionnaire colonial occupe une place à part. Son expatriation, les dangers qu'il court, les sacrifices qu'il consent nous interdisent de l'assimiler à ses collègues de la métropole. Aussi lui doit-on donner des avantages sensibles : solde avantageuse, avancement rapide, possibilité de jouir à quarante-cinq ans d'une retraite au moins double de celle des métropolitains.

Les avantages actuellement accordés sont

tout à fait insuffisants, et on s'en rend bien compte aux colonies où les fonctionnaires abandonnent trop souvent l'administration pour bifurquer vers des entreprises privées. Même la mieux partagée de nos colonies, l'Indochine, souffre d'une crise de personnel. Bien que réduit de 615 à 475 unités, son cadre des services civils n'est jamais au complet. Il s'en faut actuellement de près de 80 fonctionnaires. Et pourtant la piastre est six ou sept fois plus élevée qu'avant la guerre ! Que serait-ce si elle était encore à 2 fr. 30? Qu'on songe qu'un jeune bachelier, simple employé de la Banque de l'Indochine, gagne plus qu'un chef de bataillon dans la colonie !

Alors que l'administration de nos colonies devient de plus en plus complexe et délicate, est-ce le moment de laisser l'élite administrative se détourner des fonctions coloniales? Plus que jamais, au contraire, nous avons besoin d'esprits clairs et d'intelligences vigoureuses.

Si les fonctionnaires sont admirables, que ne dirons-nous pas des colons?

Nous trouvons le colon, dès le début de l'occupation, suivant les progrès de nos armes, les précédant même parfois, et nous ne saurions oublier le concours que nous ont apporté les colons dans la conquête de certaines de nos possessions. C'est à Dupuy, par exemple, que nous sommes redevables du Tonkin, à Dupuy qui mourut ignoré et dans la misère.

Dans les débuts, le colon était parfois un aventurier, ayant fui la métropole pour des raisons obscures, et qui se contentait d'exploiter les indigènes en leur achetant leurs produits à vil prix, en leur vendant très cher de la pacotille. La création de grandes compagnies, l'établissement de relations régulières et l'instauration d'une saine concurrence ont fait disparaître ces trafiquants, et le colon est aujourd'hui un agriculteur qui se donne autant de mal, sinon plus, que le bon paysan de France. Cette transformation a suffi pour écarter de la colonisation les éléments turbulents et douteux du début.

Le recrutement des colons est aujourd'hui extrêmement divers.

Ce sont parfois des soldats qui, après avoir servi dans la colonie, s'y installent à demeure ; ou encore des employés délaissant le comptoir où ils commerçaient pour tenter la chance avec leurs économies. Ceux-là ont l'avantage de commencer à bon escient, avec tout au moins l'expérience du pays.

Mais souvent le colon vient directement de France. Tantôt c'est un paysan qui débarque avec sa famille et les quelques milliers de francs que lui a laissés la vente de sa ferme ; tantôt c'est un grand propriétaire à demi-ruiné qui vient tenter de refaire sa vie et sa fortune.

On peut dire, d'une façon générale, que toutes les classes de la nation, des plus hautes aux plus humbles, ont participé à la colonisation de notre domaine d'outre-mer. C'est une image fidèle de la France que nous retrouvons loin d'elle.

Quelle a été la part de l'administration dans la colonisation? L'Afrique du Nord mise hors de cause, il est avéré que cette part fut à peu près nulle. Aucune propagande n'a été faite, ou, quand par hasard on en a fait, il eût mieux valu qu'on n'en fît point. Les initiatives de l'administration ont presque toujours été fâcheuses en ces matières. La Nouvelle-Calédonie a traîné longtemps, comme un boulet, sa colonisation pénale.

C'est généralement par hasard que les hommes sont partis, après avoir lu un article de journal ou entendu un récit de soldat ou de fonctionnaire. Ce qui est extraordinaire, c'est que, bien que nullement préparés à la vie qu'ils mèneraient, ne se faisant aucune idée des obstacles qu'ils rencontreraient, ils ne se sont pas découragés, ils se sont adaptés au milieu, et généralement ont réussi.

D'ordinaire, ils ont reçu en concession une certaine surface de terrains, plus ou moins bons, et là s'est bornée l'aide de l'administration. Heureux encore le colon qui n'était pas en mauvais termes avec elle, car il se trouve, hélas! des fonctionnaires pour déplorer la présence des colons, sources d'ennuis, disent-ils, et l'on a vu des gouverneurs reprocher à leurs subordonnés d'être « philocolons », comme si tous les efforts de l'administration ne devaient pas tendre à accroître le bien-être des colons et des indigènes.

Les colons eurent aussi des difficultés avec les indigènes. Ceux-ci, n'ayant guère de besoins, refusent parfois de venir travailler sur les plantations. Si c'est le moment de la récolte, ce refus peut engendrer un désastre. Aussi, dans les pays où la population est rare, le colon a-t-il dû consentir de gros sacrifices pour s'assurer la main-d'œuvre indispensable.

Cependant on doit reconnaître que le colon français est généralement en excellents termes avec l'indigène. Il sait s'en faire aimer et son influence politique et sociale est considérable.

La France ne possède guère que la Nouvelle-Calédonie qui soit une colonie de peuplement comparable aux dominions australien et canadien. Partout ailleurs subsiste un élément indigène important. Aussi le colon français a-t-il à jouer un rôle que ne connaît pas le colon britannique.

Il est en quelque sorte missionnaire, « missionnaire de francisation ». Les villages voisins de sa plantation sont sous son influence, au moins morale ; la population l'observe, et il doit surveiller ses moindres gestes. C'est lui qui apporte les habitudes françaises, les produits français que les indigènes, peu à peu, adopteront. C'est lui qui introduit des méthodes rationnelles de culture et d'élevage dont les indigènes s'inspirent bientôt. C'est lui que les chefs viennent consulter lorsqu'ils sont embarrassés.

Tel est le rôle du colon français. Il l'accepte avec joie, bien qu'il se rende parfaitement compte de son importance.

Pour ne pas alourdir ce chapitre, je discuterai plus loin des méthodes de colonisation et de la politique que doit suivre le Gouvernement. Mais je tiens à mentionner tout de suite que l'administration a tendance aujourd'hui à favoriser la grande colonisation aux dépens de la petite. Au strict point de vue économique, les résultats sont peut-être plus satisfaisants. Encore beaucoup de grandes plantations ont-elles des frais généraux trop lourds. Mais, au point de vue politique, aucune comparaison n'est possible. Les grands domaines de plusieurs milliers d'hectares sont d'ordinaire éloignés des villages ; ils emploient parfois de la main-d'œuvre amenée de loin, de la main-d'œuvre qu'ils « déracinent » en quelque sorte, et leur influence politique ou sociale serait plutôt nuisible qu'utile.

Certes, il existe de grandes plantations qui logent fort bien leurs travailleurs et construisent hôpital, écoles, cinémas, etc.

Mais il y manque toujours la présence éducatrice du colon et de sa famille, du colon qui travaille sa terre à lui et qui mourra sur le sol où il s'est installé.

Les devoirs du colon sont considérables. Quels droits possèdent-ils en regard? Hélas! je suis forcé d'avouer qu'il n'en a, la plupart du temps, aucun.

Le colon, qui est en fait un « sur-Français », est également un « sous-Français », un citoyen de deuxième ton, déchu des droits imprescriptibles reconnus aux Français de la métropole.

Généralement, en effet, le colon n'a pas de représentants au Parlement ; il concourt bien à l'élection d'un délégué au Conseil supérieur des colonies, mais ce conseil ne se réunit jamais et n'a aucun pouvoir. Le colon est placé dans l'incapacité de participer au gouvernement de la France.

Cette déchéance est-elle au moins compensée par une participation importante dans l'administration de la colonie qu'il met en valeur? Ce ne serait que justice ; mais il n'est admis qu'à élire des délégués à la Chambre d'agriculture, s'il est planteur, à la Chambre de commerce, s'il est commerçant. Et c'est tout. Ces conseils envoient à leur tour au Conseil du gouvernement des délégués qui sont noyés dans le flot des fonctionnaires ; ce Conseil du gouvernement lui-même n'est que purement consultatif et, en fait, il ne peut qu'approuver les projets ou les décisions du gouverneur.

On croit rêver en constatant que le colon est privé de tout droit politique, que souvent même il ne peut gérer la ville qu'il habite, l'administration remplaçant d'autorité tel conseil municipal par une commission nommée par elle, ainsi que le fait se présente couramment à Saïgon, à Hanoï ou à Haïphong.

Avec un tel système, on arrivera bientôt à ce résultat paradoxal que les indigènes auront plus de droits que les Français, et que ceux-ci seront en partie gouvernés par ceux-là. Qu'on ne crie pas à l'exagération : il suffit de lire les discours des gouverneurs et des gouverneurs généraux pour constater qu'il y est toujours question d'étendre les droits politiques des indigènes, mais qu'on ne parle jamais de ceux des colons.

L'administration coloniale glisse actuellement sur une pente dangereuse. Il n'est que temps qu'elle freine. Déjà des scandales regrettables entachent fâcheusement notre œuvre colonisatrice. Je n'en citerai qu'un seul, parce que je le connais bien et parce qu'il est particulièrement frappant.

La Nouvelle-Calédonie n'a pas de député. Il y a cependant plus de trente ans qu'elle en réclame un et il faut avouer qu'elle a certains droits à en posséder un. Elle compte, en effet, une population française de près de 20 000 habitants, installés à demeure dans l'île, y faisant souche. La population indigène, en régression, ne joue aucun rôle dans la mise en valeur du pays.

En Cochinchine, il y a moins de 10 000 Français (un pour 450 indigènes contre un pour deux indigènes en Calédonie) ; presque tous ne sont que de passage dans la colonie ; on compte parmi eux un certain nombre d'Annamites naturalisés et d'Hindous de Pondichéry ; la richesse du pays est due surtout à l'élément indigène. Les différences sont ainsi nettement marquées.

Eh bien, des deux pays, c'est la Cochinchine qui a un député.

Mais l'injustice est allée encore plus loin :

La Nouvelle-Calédonie possède un conseil général qui vote les dépenses facultatives du budget de la colonie. C'est là un droit minime et même assez précaire, étant donné que le gouverneur peut faire passer au nombre des dépenses obligatoires les dépenses facultatives que le conseil aurait refusé de voter.

Ce conseil général a paru encore redoutable à l'administration centrale. Elle s'est acharnée à restreindre encore ses droits et à diminuer son autorité. En 1924, le conseil a été brutalement dissous, on a réduit de moitié le nombre de ses membres. Ses pouvoirs ont été transférés au gouverneur jusqu'aux élections nouvelles avec le droit pour ce dernier de suspendre ou de dissoudre le conseil par arrêté rendu en conseil privé. L'assemblée fut ainsi décapitée et le pays livré complètement à l'arbitraire du gouverneur.

Le cas de la Nouvelle-Calédonie montre à quel point l'administration coloniale fait bon marché des droits politiques des colons. Il est urgent qu'elle reconnaisse enfin que les Français qui s'expatrient ne s'en trouvent nullement diminués, bien au contraire.

Il importe que toutes nos colonies soient représentées au Parlement ; le système actuel est périmé depuis des années, et il est particulièrement intolérable que nos colonies les moins importantes soient tout justement les seules représentées.

Il faut aussi que les gouverneurs généraux et les gouverneurs aient auprès d'eux des conseils où les fonctionnaires n'aient qu'une voix consultative, et dont les membres élus soient en mesure de contrôler l'administration locale, de régler l'emploi des recettes, de voter les impôts, etc.

Nos colons ont assez montré qu'ils comprennent les « nécessités du gouvernement ». Ils ont l'habitude des difficultés de toutes sortes qu'ils rencontrent chaque jour sur leur route. Nous ne pouvons plus longtemps refuser de leur faire confiance.

CHAPITRE VI

LES INDIGÈNES

Dans les premiers temps de la colonisation européenne, on considérait l'indigène comme un obstacle et, quand on se servait de lui, ce n'était que comme instrument et à regret : c'était tout au plus un collecteur de richesses, et il devait s'estimer heureux lorsque, après avoir apporté de l'or, des étoffes précieuses ou des épices aux conquérants venus de la mer, il ne recevait pas un coup de fusil.

L'idée ne vint pas aux premiers conquérants qu'ils pouvaient entretenir avec l'indigène des relations d'égal à égal et on ne saurait guère s'en étonner, puisqu'ils ne les considéraient pas comme des hommes; pendant de longues années on disputa en Espagne sur la question de savoir si les sauvages de l'Amérique possédaient un quart d'âme ou une moitié.

Depuis, le « sauvage » a fait place à « l'indigène » et les puissances occidentales lui reconnaissent une place au soleil.

On ne saurait oublier que la notion du bon « sauvage » est du XVIIIe siècle français et que notre Révolution proclama, la première, l'égalité de tous les êtres humains, quelle que soit leur couleur.

Les autres peuples acceptèrent difficilement cette conception, et il n'y a pas un demi-siècle que les Anglais organisaient encore en Australie de véritables chasses à l'homme, abattant férocement les malheureux et innocents aborigènes.

Si haut que l'on remonte dans l'histoire de la colonisation française, on n'y retrouve pas d'atrocités comme celles qui souillent l'histoire des Espagnols et des Anglo-Saxons. Nous avons les mains nettes : nous n'avons jamais exterminé de race et nous n'avons jamais anéanti de civilisation.

On peut demander aux Espagnols ce qu'ils ont fait de la civilisation des Incas, de celle des Aztèques, parures magnifiques du nouveau continent. On peut demander aux Anglais ce que sont devenues les tribus canadiennes et australiennes, et combien d'Hindous il leur a fallu massacrer pour maintenir leur domination sur la péninsule. Il n'est pas un Espagnol, pas un Anglais qui ne puisse s'empêcher de rougir à de telles questions, et c'est l'orgueil de la France de pouvoir lever très haut la tête quand on parle de populations primitives ou attardées.

La question indigène s'est posée pour les

Français du jour où ils ont mis le pied sur une terre lointaine et y ont trouvé des êtres humains. Ils auraient pu la résoudre, comme les autres colonisateurs, à coups de fusil : il est tellement plus simple de faire disparaître une race que de l'adapter aux nécessités nouvelles, de la guider dans son évolution !

Nos nationaux n'ont jamais songé à se débarrasser des populations indigènes qu'ils rencontraient. Alors que les Anglo-Saxons et les Hollandais ne sont venus que lentement à l'idée d'une association avec les indigènes et y ont été amenés par l'intérêt, par le souci de faire produire à leurs colonies plus de richesses, les Français ont fait, d'instinct, de la politique indigène, et leur générosité les a même poussés plus loin qu'il ne convenait. Je veux parler, ici, de l'assimilation. Aucun autre peuple n'a songé à assimiler les indigènes qu'il administre et, si ce fut là une erreur de notre part, ce fut du moins une erreur généreuse, une erreur dont nous pouvons être fiers.

Est-ce à dire que le but de notre colonisation soit uniquement de guider les indigènes dans la voie du progrès, d'améliorer leurs conditions, intellectuelle et matérielle ?

Il ne faut pas exagérer : il n'existe pas d'œuvres purement désintéressées. La colonisation ne l'est pas non plus et il vaut peut-être mieux qu'il en soit ainsi, car il est bon que nous ayons un intérêt direct à rendre meilleur le sort des indigènes, il est bon que l'intérêt se rencontre avec le sentiment.

La mise en valeur d'un pays ne serait pas complète si les travaux d'hydraulique, de construction de routes et de chemins de fer ne s'accompagnaient pas d'un perfectionnement de l'humanité qui habite. Sol et population constituent un ensemble harmonieux, modelés l'un par l'autre, et on ne saurait faire œuvre durable sans prendre soin autant de l'un que de l'autre et sans donner à l'amélioration de l'homme le même rythme qu'à la mise en valeur du sol.

Comment améliorer le sort des populations primitives, comment faire participer les peuples orientaux aux progrès de notre civilisation? Tâche délicate, passionnante entre toutes, la plus élevée que puisse assumer une nation.

Dans un excès de générosité, la France a, je l'ai dit plus haut, commis une faute. La notion de l'égalité des hommes est si ancrée chez nous que nous crûmes pouvoir, en quelques années, élever jusqu'à nous des populations qui étaient encore au stade de l'âge du bronze, quand ce n'était pas à celui de la pierre polie. L'erreur n'a d'ailleurs pas duré et nous sommes revenus rapidement à la saine formule de l'association, de la collaboration avec les indigènes.

7

Les populations que l'on trouve sur nos possessions coloniales sont tellement diverses qu'on ne saurait fixer le même rythme à leur développement et qu'on ne saurait leur appliquer la même politique. On ne peut en effet traiter de la même façon les Annamites qui possèdent une civilisation plus ancienne que la nôtre et certaines peuplades du Congo qui sont encore anthropophages.

Cependant il est un principe qui ne varie pas : c'est que l'indigène doit se développer dans le cadre de ses traditions, de ses coutumes, de ses croyances dans la mesure où celles-ci ne constituent pas un obstacle au progrès. Il ne s'agit pas de faire d'un Cambodgien et d'un Sakalave deux Français, mais des hommes qui conserveront leurs caractères distinctifs tout en acquérant tout ce que notre civilisation contient de meilleur.

La tâche est grandiose et difficile, et elle requiert, pour être menée à bien, en même temps qu'une grande intelligence, une grande patience de la part du protecteur, une confiance absolue chez le protégé. Cette confiance, l'indigène nous la donne tout entière, précisément parce qu'il n'y a pas entre lui et nous cet abîme sanglant qui sépare les Anglais des Hindous ou des indigènes australiens.

Bien souvent, nous nous sommes trouvés en présence de traditions devenues incompréhensibles. Rarement nous les avons heurtées de front. Il faut se dire que tout est fondé en raison et que les vivants ne sont que ce que les morts les ont faits. Aussi les fonctionnaires coloniaux, au lieu de mépriser, ainsi que feraient leurs collègues Anglo-Saxons ou Hollandais, s'efforcent-ils de comprendre afin de pouvoir ensuite adapter.

Gallieni disait qu'il faut toujours ménager le pays et les habitants et qu'il ne faut détruire qu'à la dernière extrémité, et encore pour mieux bâtir par la suite. Cette pensée est vraie aussi au figuré ; toutes les traditions, toutes les coutumes doivent être conservées, tout au moins adaptées, car toutes ont une raison d'être.

On ne saurait trop recommander la prudence en matière indigène car il existe fréquemment un chevauchement de domaines qui, chez nous, sont différents, on a affaire à des cerveaux qui ne construisent pas le monde de la même façon que nous et on risque, en touchant à tel usage, en apparence peu important, de provoquer des réactions lointaines et compliquées.

Le respect des croyances religieuses s'impose en premier lieu. Ce n'est pas seulement parce que les prêtres indigènes jouissent souvent d'un grand pouvoir et qu'il importe de se les concilier, mais surtout parce que la religion est généralement l'essence même d'une race, qu'elle en reflète les inquiétudes et les aspirations, qu'elle est faite de ce qu'il y a en elle de meilleur et de pire.

La religion est souvent la base de toute la vie intellectuelle et spirituelle, de toute la vie morale d'une population. Elle se confond avec la culture et est la base de toute aspiration vers quelque chose de meilleur.

Pour ne prendre qu'un exemple, ce serait une folie de vouloir arracher à l'Islam nos tribus mahométanes. C'est dans le Coran qu'elles trouvent non seulement une explication du monde adaptée à leur mentalité, mais aussi des règles de morale privée, des instructions d'ordre pratique ; c'est d'après le Coran que leurs magistrats les jugent. Chaque instant de leur vie porte l'empreinte du livre sacré ; d'ailleurs ces populations ont à leur tour réagi sur le Coran, et, selon son tempérament, chacune interprète différemment le texte du prophète. Il y a eu ainsi influence réciproque, interpénétration de la loi sacrée et de chaque peuple, et vouloir supprimer la religion islamique équivaudrait à déraciner ces malheureuses populations.

Les croyances religieuses sont d'autant moins une entrave au progrès que généralement elles évoluent avec les peuples. Celles qui ne peuvent s'adapter aux conditions nouvelles de vie, celles dont les cadres trop étroits n'étaient faits que pour une civilisation rudimentaire s'évanouissent toutes seules, meurent de leur belle mort sans qu'il soit besoin d'y porter une main maladroite et sacrilège.

On nous annonce qu'en Turquie de riches Musulmans deviennent monogames. N'est-ce pas la plus claire démonstration de la vitalité de l'Islam et de sa puissance d'évolution?

Nous devons dire que la France, aidée par son vieil esprit de tolérance, n'a jamais eu de conflit religieux avec ses indigènes. Elle respecte leurs croyances et elle est devenue la meilleure protectrice de l'Islam.

En ce qui concerne les traditions et les coutumes, si l'on a souvent péché, ce fut par ignorance, et rien n'était plus excusable. Il faut admettre, en effet, que l'on ne peut codifier les coutumes indigènes, car elles sont en perpétuelle évolution : les codifier, ce serait les cristalliser ; les soustraire à l'influence européenne qui les transforme chaque jour, ce serait les vouer à une mort rapide.

Pour que les traditions soient observées, il est indispensable que les fonctionnaires français demeurent longtemps dans la même région et surtout que l'on dispose de notables indigènes sûrs pour les appliquer.

Rien ne fut sans doute plus ardu que l'établissement d'une saine justice indigène. L'idée du bien et du mal est essentiellement différente selon les peuples, et la première préoccupation du colonisateur doit être de ne pas choquer la conception de l'indigène, de ne paraître ni trop sévère ni faible, afin de conserver l'affection du peuple qu'il administre, tout en maintenant son autorité.

Aussi a-t-on toujours conservé, surtout en matière pénale, les traditions indigènes en y ajoutant des peines contre des pratiques que nous ne pouvions tolérer plus longtemps, telles que l'adultère. Généralement, nous eûmes à adoucir les peines prévues pour les coupables et notre administration trouva presque toujours le terrain déjà préparé par les missionnaires.

La question des châtiments corporels fut délicate. Qu'importe la prison à l'indigène paresseux qui se trouve ravi d'être nourri sans fournir presque de travail et que l'administration débarrasse de tout souci matériel? Il fallut aussi rendre la justice plus expéditive que chez nous : si la peine ne suit pas immédiatement la faute, le délinquant passe pour impuni et ni lui ni les autres ne se rappelleraient le délit qu'il a commis s'il n'avait à en répondre que six mois après.

La mise au point de la justice indigène a été, on le voit, des plus complexes ; on dut s'en remettre en grande partie aux chefs de poste et aux notables des villages, et il faut reconnaître qu'ils s'en sont généralement acquittés à la satisfaction de tous.

Le Français juge volontiers selon l'équité et il n'a pas eu de mal, en tenant compte des coutumes locales, à rendre une justice conforme aux sentiments des indigènes.

La constatation des droits fonciers exigea autant de prudence et de doigté que l'organisation de la justice. Nous nous trouvions en face de formes de propriété qui n'existaient plus depuis longtemps en France, telles que la propriété collective des tribus ; et, d'autre part, il fallait faire place aux colons français.

Il ne faut pas s'étonner si l'on constata fréquemment du flottement, des hésitations dans ce domaine. En Algérie, par exemple, après avoir favorisé l'établissement des colons, on reconnut officiellement, sous le second Empire, la propriété collective des tribus ; avec la troisième République, les colons prirent leur revanche, mais la tendance favorable aux Kabyles reparut de nouveau, et ce n'est qu'au début du siècle qu'il fut apporté un peu d'ordre et d'équité dans ce problème important de la propriété.

D'une façon générale, on tend à supprimer la propriété collective, qui ne comporte que les inconvénients, pour lui substituer la propriété privée. Les indigènes d'ailleurs s'y prêtent assez volontiers, étant désireux de posséder la terre sur laquelle ils ont peiné.

Trop souvent, l'on entoura de formalités

trop compliquées la constatation des droits fonciers, et les indigènes ne purent profiter des réglementations qui leur étaient favorables. On a simplifié depuis quelques années les formalités, et en Afrique occidentale, par exemple, les indigènes, qui ne sont que détenteurs selon la coutume locale, n'ont, pour être reconnus officiellement propriétaires, qu'à adresser une demande à l'administration ; celle-ci prescrit une enquête dans le village, et pendant trois mois les oppositions sont reçues ; si des contestations s'élèvent, elles sont du ressort des tribunaux indigènes.

C'est là, semble-t-il, la simplification idéale du régime foncier indigène, et il est désirable de la voir appliquer dans toutes les colonies. Pour qu'elle soit parfaite, il suffit d'y ajouter des garanties empêchant l'indigène de vendre son domaine à vil prix à un Européen.

Le problème de la main-d'œuvre et de l'organisation du travail s'est heurté bien souvent à des difficultés que d'autres eussent pu croire insurmontables.

Parmi nos colonies proprement dites, il en est relativement peu qui disposent d'une main-d'œuvre suffisante pour exécuter les grands travaux d'intérêt général et alimenter les entreprises privées. A part le delta du Tonkin, la côte d'Annam et certaines régions de l'Afrique occidentale, nos colonies manquent de travailleurs. On fut donc dans l'obligation de réquisitionner presque toute la main-d'œuvre qui existait, et on se heurta à des obstacles sérieux.

Le plus important est l'indolence native du noir, du canaque ou du laotin. Bien souvent, ils n'ont pas besoin de travailler pour vivre, la nature leur prodiguant ses fruits, et ils ne sont pas assez prévoyants pour songer aux disettes possibles. On fut donc fréquemment obligé de les contraindre à travailler, dans leur intérêt même, et il s'en est suivi parfois des abus regrettables. Les indigènes furent trompés, parfois spoliés, et le besoin se fit bientôt sentir de contrôler de très près l'emploi de la main-d'œuvre indigène.

M. Carde, gouverneur général de l'Afrique occidentale, a créé en 1925 un véritable code du travail, où l'on sent la préoccupation non d'appliquer des théories plus ou moins fausses, mais de faire face aux réalités. La nouvelle réglementation prévoit qu'aucun indigène ne peut être employé sans avoir signé un contrat de travail ; ce contrat doit mentionner obligatoirement l'état civil de l'employé et de l'employeur, la nature du travail, sa durée, la région où il sera effectué, le salaire qui sera donné, la ration de vivres, les vêtements, le logement, qui seront fournis.

Pour parer à l'insouciance des indigènes, le patron est tenu de constituer un pécule qui est remis au travailleur à son départ.

Des conseils d'arbitrage sont créés qui jugent sans appel des conflits entre employeurs et employés pour toute contestation ne dépassant pas 500 francs ; des pénalités sont prévues contre les employeurs qui contreviendraient aux dispositions de l'arrêté, et, dans certains cas, il peut leur être interdit de recruter des indigènes pendant cinq ans.

N'oublions pas que l'arrêté stipule aussi des mesures sanitaires et la création d'offices du travail. Une réglementation analogue a été adoptée à Madagascar et en Indochine. M. Alexandre Varenne a préparé toute une législation protégeant les travailleurs engagés, grâce à diverses mesures telles que contrôle serré du recrutement, constitution d'un pécule, inspection des habitations réservées aux coolies, etc.

Le régime des prestations en nature, jadis si impopulaire en France, est la règle aux colonies, surtout dans celles où les échanges sont encore peu développés et où l'indigène ne reçoit pas de monnaie contre les produits qu'il exporte. L'impôt est alors réclamé en nature et les indigènes doivent un certain nombre de journées de travail.

Il y aurait là facilement, on le conçoit, matière à abus, et les gouverneurs se sont toujours préoccupés de réglementer les prestations.

A ce sujet, il convient de signaler une

mesure très heureuse de M. Antonetti, gouverneur général de l'Afrique équatoriale, qui, un des premiers, a envisagé le problème des prestations dans ses conséquences éducatives. Il a limité les besognes qui peuvent donner lieu à prestations, à celles dont l'indigène comprend l'utilité : travaux d'édilité, débroussaillement des abords du village, adduction d'eau ; réfection de cases, etc.

Ainsi, l'indigène comprend facilement que l'administration française travaille dans son intérêt à lui et que les impôts qu'il paye lui profitent directement à lui-même.

Il va sans dire que le régime des prestations qui correspond à un état économique rudimentaire ne saurait jamais être que provisoire, mais il est intéressant de montrer que l'administration française a su lui enlever son caractère rebutant et plus ou moins odieux et lui a donné une valeur éducative.

Nous nous sommes efforcés, dans nos colonies, de donner le maximum de protection et de garanties aux travailleurs ; peut-on aller plus loin et leur appliquer notre législation ouvrière?

En conscience, je suis obligé de répondre : « Non ». Notre législation ouvrière a été conçue pour défendre l'ouvrier français, et, appliquée à l'ouvrier annamite ou peuhl, elle constituerait un non-sens. Pour ne prendre qu'un exemple, la loi sur les accidents du travail aboutirait à faire des légions d'estropiés et d'infirmes, car nombre d'indigènes sacrifieraient froidement un bras ou une jambe pour toucher une pension qui les dispenserait par la suite de travailler.

Mieux vaut introduire dans nos colonies des médecins que des lois d'apparence humanitaire dont les conséquences seraient désastreuses. Le médecin a joué dans la colonisation française un rôle de premier plan et, en certains endroits, on pourrait enlever l'administrateur et le remplacer par un médecin. C'est le cas de la majeure partie de notre Afrique équatoriale dont les populations sont décimées par la maladie du sommeil et par des épidémies terribles, et de nos établissements français d'Océanie, dont les indigènes ont diminué d'année en année jusqu'à ces derniers temps.

En multipliant les moyens de transport, en facilitant les communications entre régions qui jusqu'alors s'ignoraient, les Européens ont aussi ouvert la voie aux épidémies. En faisant travailler les indigènes qui se nourrissaient insuffisamment, ils ont parfois créé une mortalité intense.

C'était donc un devoir imprescriptible pour eux que de veiller à la santé des indigènes, et il n'est sans doute pas de pays qui ait fait autant d'efforts que la France pour l'hygiène de ses possessions. La France a compris immédiatement quel était son devoir, quelle en était l'étendue, et elle s'est mise courageusement au travail.

Presque partout, nous avons trouvé en face de nous des populations paresseuses qui vivaient mal, sans confort, se privant même du nécessaire par indolence et dont l'insouciance aboutissait parfois à des catastrophes. Que la récolte eût été insuffisante et la tribu était vouée à la famine, manquant même parfois de semences pour l'année suivante, ce qui entraînait la ruine d'un peuple entier.

Que faire? Respecter la liberté de l'indigène? C'était pour lui la mort quasi certaine, en tout cas la misère, l'avilissement de la race. Il fallait bien contraindre l'indigène à songer à l'avenir, à lui faire produire plus que ce qui lui est strictement nécessaire, il fallait lui inculquer un esprit de prévoyance préservateur de la race.

Dans ce domaine, l'œuvre de l'administration a été des plus intéressantes. La prévoyance, la mutualité ! Magnifiques notions qui nous sont familières et qui étaient à dix mille lieues de la pensée indigène. Certaines sociétés indigènes de forme supérieure nous offraient des éléments que nous conservâmes précieusement : la coutume coranique du silo de réserve devint en Algérie le fondement des sociétés de prévoyance. Ailleurs, on commença par créer des greniers de réserve, des caisses de prêt de semences pour arriver peu à peu à des formes plus élevées et moins concrètes de mutualité et de prévoyance.

En même temps qu'elle poursuivait l'amélioration matérielle de la vie indigène, la France s'est préoccupée d'augmenter la valeur intellectuelle et morale de ses sujets et protégés, et, sur ce terrain, nous avons le droit de dire que son œuvre est unique.

Les autres colonisateurs n'ont guère avisé qu'à faire de leurs indigènes des ouvriers expérimentés et dociles, et l'enseignement qu'ils ont pu leur dispenser a été purement utilitaire. La France, au contraire, a édifié l'enseignement indigène sans arrière-pensée, sans autre intention que de faire, d'êtres plus ou moins primitifs, des hommes dignes de ce nom. Animée d'un tel esprit, notre œuvre universitaire ne pouvait qu'être excellente et elle l'a été en effet.

Jamais nous n'avons eu peur que nos sujets et nos protégés d'aujourd'hui soient demain nos égaux, parce que, s'ils nous demandent des comptes, nous pourrons leur en rendre sans rougir et sans baisser le front.

Loin de considérer l'ignorance comme un moyen de domination, nous avons estimé qu'elle est notre plus grande ennemie et nous n'avons aspiré qu'à faire tomber cette barrière qui nous sépare des populations indigènes.

Là encore, nous avons commencé par

pratiquer une politique d'assimilation, mais heureusement nous nous sommes rapidement rendu compte que nous faisions fausse route, et aujourd'hui toutes nos populations coloniales sont dotées de systèmes d'enseignement de programmes qui leur sont exactement adaptés, qui correspondent à leur degré de civilisation et qui cadrent avec leurs traditions et avec leurs coutumes.

Un problème délicat se posait : en quelle langue faut-il enseigner? Après des tâtonnements inévitables, on a constaté qu'il était presque impossible d'apprendre à des races attardées à la fois des notions élémentaires et une langue qui leur est étrangère. Aussi, aujourd'hui, les classes primaires sont-elles presque toujours faites dans la langue de l'enfant, on ne lui apprend que quelques mots usuels de français et ce n'est que dans les écoles primaires supérieures et secondaires qu'est donné l'enseignement du français.

Nous n'avons pas craint de permettre à nos indigènes d'obtenir les mêmes diplômes que les Français, et nous avons créé sur place, chaque fois que c'était possible, un enseignement supérieur. On peut faire son droit à Hanoï et à Dakar.

La libéralité avec laquelle nous dispensons l'enseignement était indispensable à l'avenir de notre influence. En Indochine notamment, les indigènes, qui attachent le plus grand prix aux études spéculatives, ont attendu avec impatience la création de l'université d'Hanoï.

La façon dont nous avons conçu l'enseignement colonial nous impose une obligation : c'est de faire participer les indigènes à l'administration de leur pays.

Il a été question, à diverses reprises, de naturaliser en masse les indigènes, et il n'y a pas si longtemps qu'un ministre des Colonies projetait d'attribuer la qualité de citoyen français à tout indigène sachant écrire le français et ayant servi dix ans dans notre administration.

Ce serait une faute grave. Elle a été commise jadis dans nos anciennes colonies et nous ne devons pas la renouveler. Notre but n'est pas de faire de l'indigène un Français métropolitain, mais un Français colonial, et nous devons le mettre à même, non de participer au gouvernement de la France, mais de collaborer à l'administration de son pays.

Ainsi que l'a fort bien dit l'éminent écrivain qu'est M. Pierre Mille, le statut personnel tient à la chair et à l'âme de l'indigène; et c'est la minorité qui sollicite la naturalisation, minorité généralement formée de fonctionnaires qui désirent une solde plus élevée.

Certains indigènes protestent contre la condition qui leur est faite, contre la restriction de droits civils dont ils souffrent. Ils ont parfois raison, je dois le dire, et certains gouverneurs généraux ont oublié que le statut personnel doit évoluer en même temps que l'indigène lui-même. Il est insensé, par exemple, que le statut personnel de l'Annamite n'ait pour ainsi dire pas varié depuis la conquête et que, sur certains points même, il se soit aggravé.

Quels sont les droits politiques à accorder aux indigènes ? Il faut reconnaître qu'on leur en a donné généralement d'assez importants : des chambres consultatives ont été créées dont les avis sont pris en considération par les gouverneurs ; les indigènes de Cochinchine élisent des délégués au Conseil colonial, lequel jouit du droit de voter les impôts.

Mais c'est du côté des assemblées corporatives et locales qu'a été réalisé le plus gros effort. Il a semblé qu'il valait mieux d'abord habituer l'indigène à collaborer avec nous sur le terrain économique et dans la sphère du village et du canton ; aussi a-t-on multiplié les chambres de commerce et d'agriculture et a-t-on donné des pouvoirs étendus aux conseils municipaux.

A Madagascar, on a créé des délégations dont il conviendrait d'étendre l'institution à toutes nos colonies.

Ainsi, les indigènes font de la politique un solide et sérieux apprentissage et, lorsque nous les appellerons plus tard à participer au gouvernement de la plus grande France, ils seront bien préparés à leur tâche.

En matière de politique indigène, il faut avant tout se garder d'aller trop vite. Il faut que le rythme politique s'accorde avec celui du développement économique du pays. Les colonies ne doivent pas être tenues en lisières et elles ne doivent pas non plus être affranchies trop tôt.

Œuvre éminemment délicate et complexe qui exige non seulement une intelligence attentive de phénomènes parfois divers et contradictoires, une connaissance parfaite des populations dont on est le tuteur, mais aussi et surtout une grande bonté pour notre prochain, un ardent amour pour nos frères, pour tous nos frères.

CHAPITRE VII

LA COLONISATION

JE prends ici le mot « colonisation » dans son sens restreint. Je veux parler simplement du peuplement des colonies par des Européens et des conséquences politiques et sociales des diverses méthodes de mise en valeur.

C'est là une question dont on se préoccupe aujourd'hui beaucoup moins qu'auparavant et, à mon sens, on a tort. Depuis que les besoins économiques ont pris le pas sur les ambitions politiques, depuis que le problème colonial est devenu surtout un problème économique lié aux besoins de la métropole en matières premières, on ne parle plus ou presque plus de « peuplement », et il n'est plus question que de « mise en valeur » et d' « exploitation ».

A la vérité, ces deux concepts ne s'excluent pas ; loin de là, et il est aisé de démontrer que la mise en valeur des colonies ne peut être rapide et stable que si elle s'accompagne d'un peuplement européen.

Dans l'antiquité, seuls les Phéniciens donnaient un caractère commercial à l'émigration dans les cités créées par eux et conservant un lien avec les villes de Phénicie ; après eux, les Grecs et les Romains ne considérèrent les colonies que comme des points d'appui, des avant-postes militaires. En même temps, elles constituaient des déversoirs pour la population pauvre qui trouvait là une occasion de posséder de la terre : les clérouquies athéniennes étaient réservées aux citoyens de la dernière classe et, après les Gracques, les *coloniae civium romanorum* ne tentaient guère que les prolétaires ; à partir de Marius et de Sylla, des terres furent distribuées aux vétérans, moins sans doute pour jalonner des provinces conquises que pour éviter le retour à Rome de soldats violents et sans métier.

Ce n'est qu'avec le Portugal que reparaît, au XVe siècle, la formule du comptoir commercial, mais c'est à Colbert que revient l'honneur d'avoir le premier essayé de fixer des Européens à la terre américaine et africaine, et le succès de la colonisation française au Canada montre assez qu'il avait raison et que sa méthode était bonne.

Colbert est le père de la colonisation française, mais il n'eut pas de continuateurs et, pour trouver un autre grand colonisateur, nous sommes obligés de descendre jusqu'au milieu du XIXe siècle.

Le maréchal Bugeaud envisageait surtout les conséquences politiques, et spécialement militaires, de la colonisation. Son but était de « jalonner » l'Algérie de colons français, on appellerait cela aujourd'hui du « noyautage ». Il installa d'abord dans la banlieue d'Alger des soldats mis à la retraite et qui devaient, en cas d'alerte, concourir à la défense du pays, mais cet essai de colonisation militaire donna de piètres résultats. Gallieni, en 1899, appliqua la même idée avec plus de méthode : il versait 4 500 francs aux soldats qui s'engageaient à rester trois ans sur la concession qui leur était attribuée, à justifier de l'emploi de la somme à eux versée et à aider au maintien de la sécurité dans le pays. Il rencontra le même échec que Bugeaud.

La colonisation pénale fut encore plus lamentable que la colonisation militaire, car celle-ci au moins n'eut pas de résultats nuisibles.

La colonisation pénale répond à une conception très ancienne. La première, l'Angleterre l'appliqua en grand, et pendant plus d'un demi-siècle les condamnés fournirent la majorité des immigrants australiens. Mais leur rôle dans la colonisation de l'Australie fut insignifiant et ce fut al grande ruée des colons libres au moment de la découverte de l'or dans l'Australie occidentale qui décida de l'avenir du pays.

Cependant la France se laissa séduire par les défenseurs de la colonisation pénale et la transportation commença dès 1852 vers la Guyane et dès 1854 vers la Nouvelle-Calédonie.

La déportation en Guyane n'a pas causé beaucoup de tort à cette colonie dont le climat est malsain pour l'Européen, mais elle ne lui a rendu presque aucun service.

En Nouvelle-Calédonie, ce fut une catastrophe : les relégués, à de très rares exceptions près, ne contribuèrent pas à la mise en valeur du pays et leur présence détourna de la colonie les colons libres. Ainsi se trouva retardé de plus d'un demi-siècle l'essor de la seule colonie de peuplement que la France possède.

On a perdu aujourd'hui tout espoir d'utiliser les condamnés pour la colonisation et, en effet, de deux choses l'une : ou l'on a affaire à des condamnés politiques, et, comme ils ne savent pas cultiver la terre, ils ne sont d'aucune utilité, ou l'on a affaire à des condamnés de droit commun, et leur moralité détourne les colons libres.

Il n'est, à mon avis, qu'un moyen d'utiliser les condamnés aux colonies, c'est de transporter le bagne aux îles Kerguelen, dans l'océan Indien Sud. Là, les évasions deviennent radicalement impossibles, le climat permet d'occuper les hommes à un travail utile et continu : on peut employer les uns à la pêche, les autres à l'élevage du mouton, d'autres à l'extraction du charbon. Il en résulterait une économie très appréciable, les frais de surveillance devenant minimes et les forçats étant mis en mesure d'assurer eux-mêmes leur approvisionnement ou de gagner leur vie. En même temps, le niveau moral des condamnés se relèverait et l'on ne saurait oublier que le bagne n'est pas seulement une punition et qu'il doit être surtout une école d'amélioration.

La colonisation pénale est, on le voit, réduite à fort peu de chose. La colonisation militaire a été abandonnée après deux essais malheureux et elle ne sera sans doute jamais reprise.

On ne saurait en effet appeler ainsi la mesure, excellente d'ailleurs, prise il y a deux ans par les ministres de la Guerre et des Colonies et qui permet aux jeunes conscrits de la métropole de contracter des engagements de deux ans dans l'armée coloniale. Pendant leurs deux années de service aux colonies, on initie ces jeunes gens à la vie économique du pays où ils se trouvent et, à leur démobilisation, ils peuvent demeurer sur place, chercher un emploi et pendant deux ans ont la faculté de se faire rapatrier gratuitement.

On pourrait, à la rigueur, voir là une forme de la colonisation militaire, mais en fait ce n'est qu'un moyen d'augmenter la colonisation civile.

La colonisation civile comprend de nombreuses modalités.

Il y a la petite et la grande colonisation, il y a la colonisation officielle et la colonisation privée et, si l'on entre dans le détail du régime des terres, les concessions gratuites ou onéreuses, provisoires ou définitives, etc.

A mon avis, la question est oiseuse. La réponse dépend uniquement du but poursuivi, de la colonie envisagée, du stade de développement du pays, et l'on n'a pas le choix entre les deux formes de colonisation.

La petite colonisation présente, du point de vue politique, des avantages incontestables. Le petit colon sait qu'il est installé dans une région pour une longue période et il apprend la langue du pays, s'intéresse aux habitants, parfois même prend une part active à la vie du village indigène.

C'est le petit colon qui fait connaître aux indigènes ce qu'est la famille française, ce que sont nos habitudes ; il est, avec sa femme, un « missionnaire de francisation ». Il connaît d'ailleurs l'importance de son rôle, il sait que l'indigène a l'œil sur lui et que toute défaillance de sa part sera aussitôt l'objet de commentaires et de généralisations préjudiciables à l'influence française.

Les agents européens des grandes entreprises ne peuvent généralement pas remplir ce rôle de « jalonnement français » d'un pays, d'abord parce qu'ils ne sont pas attachés à la terre et ne font souvent que passer, ensuite parce que les grandes sociétés sont obligées, pour trouver les vastes espaces dont elles ont besoin, de s'installer loin des centres habités, souvent dans des régions presque désertes.

Cette obligation contraint les grandes entreprises agricoles à amener des travailleurs souvent de fort loin, à « déraciner » des habitants. A ce point de vue, leur action est nettement néfaste, mais cet inconvénient est généralement balancé par les œuvres d'amélioration matérielle et sociale des indigènes qu'elles réalisent. Elles créent des villages modèles avec hôpitaux, écoles et cinémas, ce que le petit colon ne saurait faire, faute de moyens assez puissants.

Au point de vue économique, l'avantage va sans doute à la grande colonisation. Le petit colon, en effet, manque généralement de moyens financiers ; il ne peut donner à son entreprise le développement qu'elle mérite parce qu'il n'a pas de capitaux et qu'il est obligé de prendre chaque année sur les bénéfices de quoi vivre ; qu'une mauvaise récolte survienne ou que les cours mondiaux s'effondrent, et le voilà mal en point, côtoyant la ruine, car il n'a pas de fonds de réserve.

De plus, le petit colon est presque toujours seul ; son affaire repose uniquement sur lui et, s'il meurt ou s'il tombe malade, elle risque fort de disparaître.

Enfin, trop souvent le petit colon manque de compétence technique ou, s'il en a une, il n'a pas le temps de se tenir au courant des méthodes nouvelles.

Les grandes sociétés ignorent évidemment ces inconvénients. Se constituant dans un but donné, elles prennent le personnel le plus qualifié ; faisant beaucoup d'affaires, elles peuvent placer à côté du directeur un ou deux hommes pouvant, le cas échéant, le remplacer ; si elles sont bien menées et inspirent confiance, elles disposent de capitaux quasi illimités et elles peuvent se constituer des réserves en ajournant d'abord l'ère des dividendes et en ne distribuant ensuite que des dividendes réduits.

Seules les grandes entreprises peuvent assumer les dépenses que nécessitent les expériences de sélection, les essais d'acclimatation, les missions d'études à l'étranger, etc.

Indiscutablement, ce sont les grandes compagnies qui sont appelées à fournir à la métropole la plus grande partie des matières premières que nous attendons des colonies comme l'Indochine et l'Afrique équatoriale qui ne sont pas des colonies de peuplement.

Au reste, il convient de remarquer que la grande et la petite colonisation ne sont pas aussi séparées qu'on pourrait le croire, et l'on cite de nombreux colons qui, après des débuts modestes, ont contrôlé des milliers d'hectares.

Partout où elle était possible, la petite colonisation a toujours été préférée à la grande, et, aujourd'hui encore, presque partout, on prend des mesures pour limiter l'étendue des grands domaines agricoles.

La colonisation officielle ne s'est exercée qu'en matière de petite colonisation. Les systèmes abondent et tous s'inspirent du souci d'attacher le colon à la terre.

Bugeaud donnait d'abord une place dans un village pour y construire une maison, et 12 hectares de terre ; puis il donna une maison, des arbres plantés et 4 hectares de défrichés sur 12, mais il demandait un versement de 1 500 francs au colon et celui-ci devait justifier qu'il avait encore au moins 1 500 francs pour mettre son domaine en valeur ; il ne pouvait aliéner ses terres avant trois ans.

Ainsi, Bugeaud réussit à fixer un assez grand nombre de familles paysannes en Algérie. Plus tard, le second Empire envoya en Algérie des familles d'ouvriers sans travail auxquelles on donnait une maison, de 2 à 12 hectares de terre, des instruments, des semences, des vivres ; 10 000 familles restèrent et il n'en coûta que 27 millions, mais cette somme fut alors considérée comme disproportionnée avec le résultat obtenu.

Chaque essai de colonisation officielle en Algérie fut considéré à l'époque comme ayant échoué, mais chacun, que ce fût l'essai de Bugeaud, la colonisation par les orphelins ou par les Alsaciens-Lorrains (après 1871) ou par les proscrits politiques, a laissé un apport appréciable.

De même, en Nouvelle-Calédonie, la colonisation du gouverneur Feillet aboutit à des résultats intéressants : une concession gratuite était donnée à toute personne disposant de 5 000 francs, cette somme étant estimée devoir permettre d'attendre la récolte, et il est resté dans l'île un assez grand nombre de « colons Feillet » qui ont bien réussi.

La colonisation officielle a du bon, ce n'est pas douteux, et le tort du public est de voir non les colons qui restent et font de bon travail, mais ceux qui reviennent, dégoûtés, aigris, et qui ne sont capables de réussir nulle part, pas plus en France qu'aux colonies. Malheureusement, la colonisation officielle coûte cher.

La petite colonisation privée a souvent bien réussi lorsqu'il s'agissait de gens connaissant la colonie et y ayant servi comme soldats, comme fonctionnaires ou comme employés de commerce, mais il est rare que le Français qui part de lui-même, sans aide officielle, dans une colonie, parvienne à s'y fixer. Des groupes de Français du Nord se sont rendus depuis deux ans en Nouvelle-Calédonie pour y pratiquer l'agriculture et ils s'y sont heurtés à de grandes difficultés, mais on ne saurait encore juger avant plusieurs années si ce mouvement a réussi ou non. En tout cas, dès maintenant, il semble bien que le concours de l'administration eût pu éviter certains déboires aux candidats colons.

La question des terres est naturellement liée à celle de la colonisation.

Il s'agit d'abord de disposer de terres en faveur des colons. Généralement, le Gouvernement français s'attribua les terres appartenant aux autorités qu'il remplaçait : dey d'Alger, sultans indigènes, etc., les terres de certaines communautés religieuses ou consacrées à des fondations pieuses (biens habous), souvent les terrains communaux et généralement toutes terres non cultivées.

La constitution du domaine de l'État fut relativement aisée chez les populations sédentaires agricoles pratiquant la propriété individuelle, mais on se heurta à de grosses difficultés dans les pays où les habitants vivent de leurs troupeaux, sont nomades et où l'on ne connaît que la propriété collective des tribus.

Les fluctuations de la politique ajoutèrent encore aux hésitations et la théorie du « royaume arabe » pour l'Algérie, tour à tour abandonnée, puis reprise, entrava le peuplement français du pays.

Le premier principe à observer est de laisser aux indigènes les terres dont ils ont besoin pour vivre, mais il convient de s'entendre sur ce point.

Les tribus Moïs, dans la chaîne annamite, ont l'habitude de brûler la forêt, de cultiver du riz pendant deux ou trois ans à l'endroit ainsi défriché, puis de partir ailleurs où elles font de même. Ainsi une tribu de 100 habitants aurait besoin, pour assurer sa subsistance, de plusieurs milliers d'hectares.

Il est bien évident que l'administration ne saurait se baser sur de pareilles coutumes pour évaluer les superficies qu'il faut réserver aux indigènes. D'ailleurs, notre programme colonial n'implique-t-il pas la collaboration avec l'indigène, ce qui nous interdit de le parquer dans des réserves, comme font les Anglo-Saxons, et nous prescrit de lui inculquer des méthodes rationnelles de culture.

Une fois délimitées, les terres domaniales doivent-elles être accordées provisoirement ou définitivement?

En Guyane, il fut un temps où il n'était accordé que des concessions gratuites provisoires. On dut bientôt y renoncer, car leurs occupants n'avaient qu'un intérêt médiocre à les mettre en valeur, découragés qu'ils étaient par la perspective de se voir enlever un jour le fruit de leurs efforts.

L'octroi de concessions définitives encourage à la spéculation et l'on s'est arrêté généralement à un système mixte : les concessions sont provisoires tant que le concessionnaire n'a pas satisfait à certaines obligations de mise en valeur.

Les concessions doivent-elles être gratuites ou onéreuses?

Les concessions gratuites risquent d'attirer des gens n'ayant pas assez d'argent pour mettre un domaine en valeur, et les concessions accordées à titre onéreux risquent aussi de détourner de la colonisation des gens disposant d'un capital suffisant pour la mise en valeur.

Le plus logique serait sans doute d'accorder toutes les terres gratuitement, car la terre qui n'a jamais été travaillée n'a guère de valeur et devrait appartenir à qui la cultive ; de plus, la colonie profite directement, par les impôts fonciers, les taxes d'importation et d'exportation qu'elle perçoit, de la mise en valeur des terres ; enfin, il conviendrait que le colon pût réserver tous ses capitaux à la mise en valeur de sa concession, et l'achat du terrain amoindrit ses chances de succès. La vente des terres par la colonie serait, à ce point de vue, avantageusement remplacée par la perception d'une proportion des bénéfices de l'entreprise une fois que celle-ci serait en rapport.

Mais l'expérience a prouvé que la vente des concessions écarte les aventuriers et certains spéculateurs et constitue une sorte d'épreuve préliminaire des vocations coloniales. Aussi a-t-on pris l'habitude de vendre les concessions à bas prix et à prix fixe dans les colonies de peuplement réservées aux petits colons et d'adopter la mise aux enchères dans les colonies d'exploitation.

La France n'a jamais fourni d'effort sensible de colonisation qu'au XIXe siècle et pour l'Algérie. Est-il possible de lui en demander un aujourd'hui pour l'ensemble de ses possessions d'outre-mer?

On a dit que le Français quitte peu facilement sa terre natale. C'est vrai, et c'est vrai de tous les peuples habitant un pays riche où la vie est relativement facile. Au moment de la conquête de l'Algérie, on se demanda à Paris ce qu'on allait faire de ce pays et certains parlaient gravement de convoquer un congrès européen pour décider combien de colons chaque nation pourrait y envoyer; on ne pensait pas que des Français pussent aller chez les Barbaresques.

Cependant, les Français s'y rendirent et en assez grand nombre pour faire de l'Algérie le prolongement de la métropole.

Après les terribles pertes humaines que nous éprouvâmes pendant la guerre mondiale, certains n'ont pas hésité à proclamer que « prêcher la colonisation constitue un crime de lèse-patrie ». Une telle opinion ne peut appartenir qu'à des gens ignorant tout du problème colonial. Ceux qui comprennent le sens de cette expression : « La plus grande France » savent que peu importe pour la France qu'un habitant du Pas-de-Calais passe en Nouvelle-Calédonie ou dans la Somme. Cet habitant n'est pas plus perdu pour elle dans un cas que dans l'autre.

On dit que la France n'a plus assez d'habitants pour elle-même et que, par suite, elle ne peut en envoyer sur des terres lointaines. Il est vrai que nous avons dû faire appel à des Belges, à des Italiens, à des Polonais pour combler les vides de la guerre et même pour cultiver le sol de la France, mais cela ne présente aucun danger. Il y a actuellement en France plus de 2 millions d'étrangers y occupant un emploi et qui, disséminés sur tout le territoire, seront promptement assimilés, quel danger y aurait-il à ce qu'il y en eût 100 000 de plus venus remplacer 100 000 Français partis aux colonies ?

Chaque année 4 000 Français vont s'installer aux États-Unis et il en part aussi un nombre appréciable pour le Canada, le Mexique et l'Amérique du Sud. Ce mouvement prouve bien que l'émigration n'est pas nécessairement une conséquence de la surpopulation et qu'elle existe toujours, quel que soit l'état démographique d'un pays. La logique veut donc qu'on canalise cette émigration de préférence vers les colonies.

Remarquons encore qu'un Français qui part pour les colonies n'est pas perdu pour la France métropolitaine, car dans les colonies de peuplement il a beaucoup plus d'enfants qu'en France et il n'est pas rare que plus tard plusieurs de ses descendants reviennent s'installer dans la métropole.

Cent mille Français de moins en France, qui s'en apercevrait? La vie du pays n'en serait pas changée, tandis que, si ces 100 000 Français partaient pour les colonies, l'essor de nos possessions se trouverait profondément modifié. Le développement de nos colonies gagnerait en rapidité et en stabilité et la politique indigène, qui est le gros problème actuel, se trouverait grandement facilitée.

Livré à lui-même, l'indigène produit généralement juste ce dont il a besoin pour sa consommation ; en Algérie, par exemple, presque toute l'exportation est alimentée par les Européens. Là où l'indigène végète, l'Européen crée des richesses pour lui et pour tout le monde.

La population française est très inégalement répartie dans nos colonies ; en Afrique du Nord, par exemple, il y a 750 000 Français en face de 9 millions d'indigènes, soit une proportion de 1 à 12, mais cette proportion monte de 1 à 5 dans le département d'Alger et s'abaisse à 1 pour 40 en Tunisie.

En Nouvelle-Calédonie, on compte un Français pour trois indigènes, en Indochine un pour 6 600, en Afrique équatoriale un pour 1 300, en Afrique occidentale un pour 1 200, à Madagascar un pour 200.

Si nous prenons nos grandes colonies d'Afrique occidentale, d'Afrique équatoriale, de Madagascar et d'Indochine, nous y trouvons un total de 70 000 Français en face de 50 millions d'indigènes.

On aura beau dire que ces colonies sont des colonies d'exploitation et non (sauf pour certaines parties de Madagascar) des colonies de peuplement, il n'en est pas moins vrai que la proportion de Français est absolument insuffisante et constitue tant un obstacle au développement économique qu'un grave danger politique.

Il est bien regrettable que nous ne possédions pas un détail par profession du recensement de la population française, car nous verrions sans doute que, sur 70 000 Français, il y a près de 50 000 fonctionnaires, et si l'on met à part les commerçants et les industriels, combien reste-t-il de colons agricoles?

Dira-t-on que, dans des pays comme l'Indochine, le petit colon français ne peut vivre? L'exemple des frères Borel au Tonkin et surtout celui de Remy Gressier en

Cochinchine montrent que le Français courageux et sérieux qui aime la terre et sait la cultiver réussit partout en dépit des conditions les plus défavorables. M. Gressier a fait du paddy en Cochinchine comme un paysan de chez nous fait du blé : pieds nus dans la boue de la rizière, il a conduit la charrue traînée par les buffles et il a mené l'existence du nhaqué annamite. Aujourd'hui il possède plus de 10 000 hectares de rizières et est attaché à Soctrang, car il y a fait souche et est pourvu d'une nombreuse descendance. En même temps il est resté Français et a fait partie de la Chambre d'agriculture et du Conseil colonial, s'intéressant toujours aux questions générales qui se posent pour la colonie.

Après cela, on ne peut pas dire que le Français ne peut pas travailler manuellement dans une colonie tropicale. En opérant une sélection, on trouverait, j'en suis persuadé, dans les campagnes françaises des hommes qui feraient dans toutes les colonies ce que les colons de Bugeaud firent en Algérie.

D'ailleurs, les Espagnols n'ont-ils pas transformé les Philippines, pourtant si proches de notre Indochine, et les Philippins ne sont-ils pas devenus les Occidentaux de l'Extrême-Orient ?

Je n'ignore pas combien une telle idée va à l'encontre des théories actuellement en cours et je sais quelles objections on peut lui faire. L'élément français sera noyé dans la masse annamite, dira-t-on, c'est vrai, mais le Français qui partage la vie d'un village annamite influe, lorsqu'il a de l'autorité et de l'expérience, sur le village, y répand nos habitudes, nos façons de voir, montre comment on emploi des charrues modernes, des engrais, etc., lutte contre les superstitions locales dont certains indigènes savent si bien faire usage contre nous, constitue un obstacle à la propagation de théories ou de rumeurs hostiles à la France.

Qu'on ne croie pas qu'un tel rôle nécessite des hommes supérieurs ; nous disposons d'une élite paysanne très nombreuse, dont les qualités sont remarquables et trouveraient un bel emploi dans nos possessions. Pour reprendre l'expression qu'employait pour l'Afrique du Nord M. Jules Saurin, l'apôtre de notre colonisation en Tunisie, il s'agit de faire de « la paysannerie française aux colonies ».

Comment organiser un mouvement d'émigration paysanne vers les colonies?

Examinons d'abord ce que fait la Grande-Bretagne : l'émigration nette vers les dominions est tombée de 224 000 individus en 1913 à 63 000 en 1925, et cependant le chômage rend disponible un grand nombre de bras. Dès 1919, le Gouvernement se préoccupa de la situation et créa une « Commission pour la colonisation outre-mer ». Un crédit annuel de 3 millions de livres, soit près de 400 millions de francs, est prévu pour favoriser la colonisation et compléter l'effort des dominions pour attirer les « Colons assistés », c'est-à-dire les agriculteurs et les ménagères.

Les dominions se montrent très exigeants et veulent des émigrants de choix, mais ils n'hésitent pas à faire des sacrifices importants pour fixer des paysans ; c'est ainsi que l'Australie occidentale et la Nouvelle-Galles du Sud ont affecté chacune 6 millions de livres à l'installation de 6 000 colons sur des fermes leur appartenant, soit 1 000 livres, 125 000 francs, par colon. L'État de Victoria avance même 1 500 livres, soit près de 200 000 francs, à chaque colon.

De plus, le Commonwealth, prévoyant l'installation de 450 000 émigrants en dix ans, est disposé à avancer aux États, avec l'aide de la métropole, une somme de 34 millions de livres sterling, soit 4 250 000 000 de francs.

En regard de ce formidable effort financier des Anglais, que fait la France? Rien, exactement rien. Il est vrai que nous n'avons pas une crise de chômage comparable à celle dont souffre la Grande-Bretagne, mais le Maroc et la Tunisie se trouveraient assez bien d'un envoi de 20 000 ou 30 000 paysans français.

Pour l'émigration vers l'Afrique du Nord,

qui constituerait le plus gros contingent de notre émigration coloniale, un programme devrait être mis debout par le gouvernement métropolitain, la Tunisie et le Maroc et exécuté à frais communs. L'émigration paysanne vers nos colonies proprement dites est beaucoup plus délicate, car elle met en contact des éléments très différents et a besoin d'être soigneusement étudiée et réglementée. Aussi, chaque colonie devrait-elle rester seule maîtresse de cette question.

Pour ne pas grever exagérément le budget de la métropole, on pourrait ne demander à celle-ci que d'assurer le transport à tarif réduit, mais il faudrait que ce tarif fût vraiment faible. Par exemple, les colons assistés qui vont d'Angleterre au Canada ne payent que 3 livres au lieu de 18 ; la réduction est donc des cinq sixièmes, soit 83 p. 100. Nous devrions faire de même pour nos colons.

Les colonies pourvoiraient à l'installation des colons. Elles pourraient le faire à l'aide d'un fonds de colonisation qui serait alimenté par des prêts des banques d'émission et des entreprises intéressées au développement de la colonisation, maisons de commerce pratiquant aux colonies, etc. Dans chaque colonie, le fonds de colonisation serait géré par les chambres d'agriculture et de commerce et les syndicats de planteurs. Ainsi, la colonisation se ferait rationnellement, les colons seraient installés dans des endroits propices avec les outils et les semences convenables ; une partie du terrain pourrait même être défrichée à l'avance.

Un tel programme n'a rien d'utopique. Il est aisément réalisable si l'on veut y consacrer les sommes qu'il faut et charger de sa réalisation les gens indiqués pour la mener à bien.

Nos gouvernements coloniaux croient faire beaucoup en octroyant à bas prix des terres aux colons, mais que diront-ils en apprenant que l'état de Victoria avance 200 000 francs à chaque fermier qui vient s'installer sur son territoire?

Lorsque l'on voit que plus de 250 paysans du Nord sont partis en 1925 et 1926 pour la Nouvelle-Calédonie sans le moindre appui officiel, sans la moindre promesse, on ne saurait douter qu'avec un effort minime et bien orienté on obtiendrait des résultats qui seraient d'une importance capitale pour notre empire colonial.

CHAPITRE VIII

L'ENTR'AIDE COLONIALE

Il existe entre la France et ses possessions d'outre-mer des liens que l'on souhaiterait plus resserrés en ce qui concerne l'orientation politique du pays et son rôle mondial et que l'on souhaiterait plus lâches pour ce qui est de l'administration de nos colonies et de leur mise en valeur, mais enfin il existe des liens, tandis qu'entre nos colonies il n'existe généralement d'autre trait d'union que l'aveugle et tracassière administration de la rue Oudinot.

Encore faut-il remarquer que toute l'Afrique du Nord échappe au Ministère des Colonies et qu'elle-même est divisée entre le Ministère de l'Intérieur, de qui relève l'Algérie, et celui des Affaires étrangères, dont relèvent la Tunisie et le Maroc.

Absence d'unité dans notre politique coloniale, absence de liens entre nos diverses possessions, telles sont les constatations regrettables que nous sommes obligés de faire.

Le Ministère des Colonies ne s'est jamais soucié de créer entre nos possessions des liens qui puissent leur être utiles sans compromettre l'œuvre de décentralisation si laborieusement accomplie, mais nos colonies en ont senti le besoin et il est curieux d'examiner les efforts qu'elles ont faits pour rompre leur isolement.

C'est de l'Afrique du Nord qu'est partie la tentative la plus significative et la plus intéressante.

En 1922, l'Algérie, la Tunisie et le Maroc éprouvèrent le besoin de discuter de concert certaines questions importantes et, dès 1923, une conférence se tint à Alger qui réunit le gouverneur général de l'Algérie et les résidents généraux au Maroc et en Tunisie.

Cette conférence se tint à Rabat en 1924 et à Tunis en 1925. L'intérêt qu'elle présente est si évident que, dès 1926, son cadre se trouva élargi et que le gouverneur général de l'Afrique occidentale française s'y fit représenter. Ainsi la conférence nord-africaine devenait-elle une conférence nord-ouest africaine.

Cette année, la conférence se tint à Alger et le gouverneur du Soudan y assista.

Les questions agitées à cette conférence annuelle sont des plus importantes et témoignent de l'utilité de cette sorte de liaison.

L'an dernier, M. Viollette définit très heureusement le rôle de la conférence : « C'est, dit-il, l'organe d'information et de mise au point qui apporte ce qu'il faut d'unité dans la diversité nécessaire ; si les méthodes doivent s'adapter au génie de chaque pays, les fins supérieures vers lesquelles tendent nos efforts sont identiques. »

De son côté, M. Steeg déclarait : « Il est indispensable de mettre en commun les expériences faites de part et d'autre, de s'instruire mutuellement sur le succès ou l'échec des initiatives, d'en chercher ensemble les raisons et les résultats. »

Il ne s'agit donc ni de créer une union administrative entre les pays représentés à la conférence ni de porter atteinte à la décentralisation, et le programme de MM. Viollette et Steeg est valable pour tout notre empire colonial.

Examinons un peu les résultats obtenus à la conférence nord-ouest africaine. Ils prouvent que la conférence n'est pas une vaine démonstration et qu'elle poursuit des buts pratiques.

Les questions sahariennes furent au premier plan. Le Sahara, qui isolait autrefois les pays qui le bordent, constitue aujourd'hui un lien entre eux : la police du Sahara, le projet de chemin de fer transsaharien intéressent toute l'Afrique du Nord, l'Afrique occidentale et même l'Afrique équatoriale.

Il fut aussi question de créer une liaison sanitaire, de vulgariser les méthodes perfectionnées de toutes les laines, et la Tunisie, apprenant que l'Algérie avait pris des mesures pour détruire le ver rose des capsules de cotonniers, manifesta le désir de prendre sur son territoire des précautions analogues.

Les délégués projetèrent, d'autre part, d'organiser un enseignement supérieur nord-africain, d'étudier un projet d'union douanière, d'élaborer un programme commun de grands travaux scientifiques nord-africains, d'échanger des publications officielles, peut-être même des professeurs.

Parallèlement à l'action officielle, l'initiative privée travailla dans le même sens et les Chambres de commerce d'Algérie envoyèrent une mission importante sur le Niger.

Ainsi, la liaison se trouve réalisée entre nos possessions de l'Afrique du Nord et de l'Ouest, et le temps n'est pas éloigné sans doute où l'Afrique équatoriale, le Togo et le Cameroun assisteront aussi à la conférence.

Est-ce une utopie que de rêver entre toutes nos colonies une coopération analogue à celle qui vient de se créer en Afrique du Nord? Je ne le crois pas, car, s'il n'existe pas entre nos possessions cette étroite communauté d'intérêts qui unit nos territoires nord et ouest-africains, il n'en est pas moins vrai qu'il y a entre elles nombre d'intérêts communs.

Au point de vue politique, nos colonies pourraient comparer utilement les solutions qu'elles ont respectivement apportées aux problèmes de la représentation française locale et de la participation indigène à l'administration. Certes, on ne peut oublier que nos indigènes coloniaux sont à des stades très différents de civilisation et possèdent des traditions très variables, mais il est des principes d'organisation dont l'application est universelle.

On ne voit guère pourquoi la représentation française locale diffère d'une colonie à l'autre, et j'avoue ne pas comprendre pourquoi les Français de Madagascar participent, grâce à l'heureuse institution des délégations financières, à la gestion du budget de leur colonie, alors que ceux de l'Indochine sont systématiquement écartés de l'administration de leur colonie.

Est-ce que les colons de Madagascar jouent dans la vie de cette possession un rôle plus important que celui qui revient aux colons en Indochine? Je serais heureux que l'administration indochinoise m'en administrât la preuve.

La vérité est qu'à Madagascar un gouverneur général estima logique de ne disposer des impôts acquittés par les contribuables qu'avec l'approbation de ceux-ci et pensa que les deniers de la colonie n'en seraient que mieux utilisés. Ce fut un heureux hasard qui ne se présente pas malheureusement en Indochine, et il n'y a toujours à Hanoï, à côté du gouverneur général, qu'un Conseil de gouvernement où les fonctionnaires sont cinq fois plus nombreux que les colons, encore ce Conseil n'a-t-il qu'un rôle purement consultatif.

Des inégalités aussi choquantes et aussi fâcheuses pour la bonne administration d'une colonie doivent cesser et elles ne manqueraient pas de disparaître s'il existait entre nos possessions une « liaison documentaire » qui permettrait que chaque colonie fût tenue au courant de ce que font les autres.

Dans certains cas, un fonctionnaire ayant réalisé dans une colonie une réforme heureuse pourrait même être envoyé temporairement dans une autre possession où il étudierait avec ses collègues ayant l'expérience du pays si la réforme y est possible et quelles variantes locales doivent y être apportées.

Dans le domaine politique et social, on devra agir avec la plus grande prudence, sans jamais chercher à « uniformiser » dans une matière essentiellement diverse, mais, sur le terrain économique, la coopération sera plus facile et l'on pourra sans doute commencer immédiatement par là.

Prenons un exemple: le Tonkin est riche en mines de zinc, par suite, le service minier de l'Indochine compte des ingénieurs très familiarisés avec ce genre de gisements et capables de reconnaître facilement la présence de calamine et même peut-être d'apprécier l'importance d'un affleurement. Imaginons qu'en Afrique occidentale on trouve des gîtes de calamine, n'aura-t-on pas intérêt à faire venir un ingénieur indochinois qui sera détaché pour deux ou trois mois à Dakar et qui pourra, avec sûreté, prospecter la région signalée?

En matière agricole, l'utilité de tels détachements n'est pas moins grande ; on eût peut-être abrégé au Tonkin la période des essais de culture du tabac si l'on avait fait venir un ingénieur algérien compétent. Pour le riz, un ingénieur de Cochinchine pourrait être utilement envoyé à Madagascar. Pour le café, un ingénieur de la Martinique pourrait être prêté à l'Indochine, etc.

A signaler que la domestication de l'éléphant d'Afrique serait chose faite depuis longtemps si nous avions envoyé en Afrique équatoriale quelques chasseurs d'éléphants cambodgiens ou laotiens.

Un tel système éviterait que des essais identiques fussent poursuivis de deux côtés à la fois, que d'autres fussent inutilement répétés ; de grosses économies de temps et d'argent seraient ainsi réalisées.

Une telle coopération à l'intérieur de notre domaine colonial pourrait, cela va sans dire, s'étendre aux colonies étrangères. Déjà, d'ailleurs, l'Indochine s'est depuis longtemps préoccupée des méthodes employées aux Indes néerlandaises et des résultats qui y ont été obtenus.

Certains ont préconisé la création d'un « institut de coopération coloniale ». J'avoue n'en pas voir l'utilité. Un tel organisme se trouverait nécessairement en France et ce ne serait sans doute qu'un de ces rouages inutiles comme en comporte tant la machine coloniale.

Pour être réelle et pratique, la coopération avec les colonies étrangères doit être assurée par nos possessions elles-mêmes. Par exemple, c'est à l'Indochine à étudier les méthodes de culture adoptées aux Indes néerlandaises et les travaux d'hydraulique agricole exécutés aux Indes anglaises ; c'est à l'Afrique occidentale à suivre le développement des plantations de café et de cacao de la Côte d'Or britannique et de la Nigeria ; c'est à l'Afrique équatoriale à se tenir au courant de ce qui se passe au Congo belge.

La liaison avec les colonies étrangères, qui peut être amorcée par des échanges de publications et d'ouvrages, ne manquera pas d'être facilitée par l'exposition coloniale internationale qui mettra en rapports les représentants de toutes les colonies du monde et nous fera connaître les efforts réalisés à l'étranger.

L'entr'aide coloniale pourrait même être poussée encore plus loin. Je parle, dans le chapitre précédent, de l'utilité qu'il y aurait à favoriser une émigration paysanne vers nos colonies, mais ne serait-il pas possible d'établir un mouvement d'émigration de nos vieilles colonies, comme la Martinique, la Guadeloupe et la Réunion, vers les nouvelles ?

Un tel mouvement serait d'autant plus intéressant que la population de nos vieilles colonies est aguerrie contre le paludisme et qu'elle pratique les cultures du café, de la canne à sucre, etc. Déjà nos vieilles colonies nous fournissent un état-major administratif de premier ordre qui rend d'immenses services ; elles pourraient aussi mettre à la disposition de l'Afrique occidentale et équatoriale, de Madagascar et de l'Indochine, des colons qui seraient un excellent appoint pour constituer cette armature française qui manque à nos grandes colonies d'exploitation.

Je ne parle ici que pour mémoire de la main-d'œuvre que l'Indochine envoie à nos possessions d'Océanie, collaboration dont je fais état à propos du haut-commissariat du Pacifique, mais l'Indochine ne saurait prodiguer sa main-d'œuvre dont elle a elle-même grand besoin et ce n'est pas à elle que nos colonies africaines pourront faire appel pour leurs grands travaux. Cependant le voisinage du Céleste

Empire permettrait à l'Indochine de faciliter pour nos possessions, surtout pour Madagascar, le recrutement en Chine de coolies qui seraient extrêmement précieux.

L'an dernier, 265 000 coolies ont quitté Hong-Kong d'où, officiellement, pourtant les travailleurs chinois ne peuvent émigrer ; il serait très facile, sur une pareille quantité, d'en avoir 10 000 pour nos colonies africaines.

Une telle collaboration intercoloniale peut exister demain si l'on veut : c'est affaire aux colonies elles-mêmes, et la coopération sera d'autant plus efficace, d'autant plus étroite, que la métropole aura un moindre rôle à y jouer.

La collaboration intercoloniale sera directe, sans rouage inutile, ou elle ne sera pas.

CHAPITRE IX

LE HAUT-COMMISSARIAT DU PACIFIQUE

L'EXEMPLE le plus typique de la nécessité d'une « entr'aide coloniale » doit être cherché dans le projet de Haut-Commissariat du Pacifique que je préconise depuis de longues années avec une persévérance qui, je l'espère, sera bientôt récompensée.

Voici l'essentiel de ce projet : le haut-commissaire du Pacifique aurait la haute main sur l'Indochine, sur nos représentants en Extrême-Orient et sur nos gouverneurs de Nouvelle-Calédonie et d'Océanie. Il serait lui-même gouverneur général de l'Indochine, ou serait placé au-dessus de celui-ci, et résiderait six mois à Hanoï et six mois à Paris.

Cette idée est née après la guerre et elle vit le jour d'abord dans les milieux qui s'intéressent à nos archipels du Pacifique. Considérant que la métropole, obérée de dettes, ne pouvait plus s'intéresser activement au développement de la Nouvelle-

Calédonie, des Nouvelles-Hébrides et des Établissements français d'Océanie, ces milieux, frappés de la prospérité de l'Indochine, songèrent que cette dernière pourrait remplacer auprès de ses sœurs du Pacifique la métropole défaillante.

Presque en même temps, l'idée venait à certains Français d'Indochine de créer un « ministère d'Extrême-Orient » dont le titulaire eût été le gouverneur général de l'Indochine et qui eût eu pour but d'unifier la politique française en Extrême-Orient.

De ces deux besoins, de ces deux aspirations est sorti le projet de Haut-Commissariat du Pacifique dont la réalisation donnerait satisfaction aux Français tant d'Indochine que d'Océanie.

Au début, c'est le sort de toute nouveauté en France, l'idée plut et elle trouva même des partisans trop généreux qui, dans leur enthousiasme, exagéraient les moyens à mettre en œuvre : ils ne voyaient généralement dans l'exécution de mon projet qu'une formule nouvelle d'un impérialisme désuet alors qu'il comportait surtout des résultats pratiques d'ordre autant économique que politique.

Une fois lancé, le projet passa par deux phases bien distinctes que je pourrais dénommer phases calédonnienne et indochinoise.

Dans la première phase, l'Indochine, qui était alors victime d'une propagande inconsidérée la dépeignant comme un nouvel Eldorado, ne bouge pas et c'est de Nouméa que viennent les premières réactions. Les Néo-Calédoniens s'imaginent qu'on va placer leur colonie, où l'élément indigène ne joue qu'un rôle très effacé, sous l'autorité de l'Indochine où, au contraire, l'élément français est relativement infime. Ils protestent avec vigueur.

Dans la deuxième phase, l'Indochine, qui voit le projet prendre corps, s'avise qu'on va exiger d'elle de lourds sacrifices sans compensation : des milliers d'Annamites vont être transportés en Océanie alors que le Haut-Tonkin et la Cochinchine manquent de main-d'œuvre et l'on va puiser dans les caisses de réserve pour financer des travaux à Nouméa et à Papeete tandis que l'Indochine ne peut acquérir l'outillage qui lui fait tant défaut ! L'Indochine gronde.

Cependant, la Nouvelle-Calédonie s'apercevait que, tout compte fait, elle ne risquait rien ; il n'était pas question de la faire gouverner par des Annamites et elle avait tout à gagner et rien à perdre à la réalisation du Haut-Commissariat.

Depuis deux ou trois ans, l'idée sommeille, mais bien des oppositions subsistent encore.

Il y a six ans, j'avais envisagé que l'Indochine garantît un emprunt émis pour améliorer l'outillage de nos îles du Pacifique. A cette époque, la situation très précaire de ces colonies justifiait une telle mesure, mais il ne saurait plus en être question maintenant et le budget de la Nouvelle-Calédonie en particulier présente des excédents de recettes suffisants pour gager un emprunt.

La question d'argent est donc écartée, mais celle de la main-d'œuvre subsiste et la colonisation intensive du Sud-Indochinois la rend de plus en plus épineuse.

Nos colonies du Pacifique se meurent, faute de main-d'œuvre pour les mettre en valeur. Il semble que la dépopulation de l'Océanie et de la Nouvelle-Calédonie se soit arrêtée depuis quelques années, mais il reste trop peu d'indigènes et ils sont trop indolents pour qu'ils puissent suffire à la mise en valeur des archipels.

Où trouver les travailleurs nécessaires? Japonais et Chinois ne demanderaient pas mieux que de s'installer sur les terres fertiles des Nouvelles-Hébrides et de Tahiti et d'exploiter les mines néo-calédoniennes, mais on doit convenir que les conséquences politiques de leur venue pourraient être fort graves. Déjà à Tahiti, les Chinois qui sont près de 4 000 ont pris dans la vie économique une influence contre laquelle on est en train de réagir.

Que demandent les îles océaniennes? Deux ou trois mille travailleurs par an pendant cinq ans, après quoi il y aura à peu près égalité entre les nouveaux venus et les rapatriés.

L'Indochine est évidemment en mesure de fournir ces coolies, et la preuve c'est qu'elle l'a fait, c'est qu'elle le fait depuis 1920. Il y a maintenant plusieurs milliers d'Annamites en Nouvelle-Calédonie et aux Nouvelles-Hébrides et près de 500 à Tahiti.

Je n'ignore pas que l'Indochine se plaint généralement de cet exode, mais, si l'on examine dans le détail la question, on ne peut admettre ses griefs.

Le Laos n'a qu'une densité de 4 habitants au kilomètre carré et certaines provinces du Tonkin, comme Sonla, n'ont qu'une densité de 2. D'autre part, la province de Nam-Dinh a une densité de 596, celle de Thai-Binh de 556, celle de Hadong de 540, densités supérieures à celle des régions les plus industrialisées de l'Europe.

Il est évident qu'une bonne partie de la population du delta du Fleuve Rouge ne mange pas à sa faim, et c'est si vrai que M. Jean Marquet demandait, il y a trois ans, dans une conférence à Hanoï, qu'on fît émigrer à Madagascar le dixième de la population du Tonkin.

Ces indigènes ne vont pas dans le Haut-Tonkin, c'est là un fait, et ils s'embarquent plus volontiers pour Port Vila et pour Nouméa. Ceux qui s'en vont représentent non des bras de moins pour la haute région, mais des affamés de moins, des bouches qu'il n'est plus besoin de nourrir.

Les plantations de Cochinchine, du Cambodge et du Sud-Annam vont nécessiter près de 40 000 coolies par an ; le Tonkin et le Nord-Annam les fourniront aisément, car ce chiffre est très inférieur à celui de l'accroissement annuel de la population.

La question de savoir si l'Indochine doit ou non envoyer des coolies en Océanie appartient en réalité au passé. Le courant est amorcé et rien ne saurait l'arrêter. Cependant, un contrôle est indispensable : il faut que les émigrants se décident en toute liberté et qu'ils puissent facilement rentrer au Tonkin, une fois leur contrat expiré.

On pourrait envisager aussi de faire toujours le recrutement dans les mêmes régions : ainsi les nouveaux arrivés apportent à leurs compagnons déjà installés des nouvelles de chez eux. En assurant toujours le recrutement des travailleurs pour telle île des Hébrides au moyen d'habitants de telle province, voire de tel canton du Tonkin, on créera un courant d'émigration durable. On remarque, en effet, en étudiant l'émigration chinoise en Indochine, que c'est du même canton que viennent la plupart des Chinois installés dans telle ou telle région de l'Indochine.

D'autre part, le délégué de l'Annam au Conseil supérieur des colonies a récemment dénoncé des atrocités qui se seraient passées pendant un transport de coolies aux Nouvelles-Hébrides sur certaines plantations. Je ne sais si les faits qu'il énonce sont exacts, mais il serait bon d'instituer une inspection permanente des travailleurs indochinois dans les îles du Pacifique.

On m'a souvent objecté qu'il était impossible de créer des relations commerciales entre l'Indochine et nos colonies du Pacifique, sous prétexte qu'elles ont des productions analogues. C'est absolument faux, et la meilleure preuve qu'un service Haïphong-Port Vila-Nouméa-Tahiti serait rémunérateur, c'est qu'il existe.

Le transport de 500 ou 600 coolies paie la plupart des frais à l'aller ; au retour, il est possible de ramener à Hong Kong des Chinois de Nauru ou des Fidji, si l'on ne trouve pas de Tonkinois à rapatrier. A cet élément sûr et régulier de trafic s'ajoutent des marchandises : il faut du riz, du nuoc-man, des poissons, du thé pour nourrir les travailleurs indichinois, et l'Indochine fournit à Port-Vila et à Nouméa du sucre, du ciment, du zinc, de la soude, des nattes, du tabac.

Le fret ne manque pas de Haïphong à Tahiti. Il ne manque pas non plus au retour : c'est du coton néo-hébridais de qualité supérieure pour les filatures tonkinoises, des trocas, de la biche de mer, si appréciée des Jaunes, des beurres et des fromages de Nouvelle-Zélande ; sans doute l'usage du cacao serait-il aisé à répandre en Indochine, ce qui constituerait un excellent débouché pour le cacao néo-hébridais.

De plus, certains navires indochinois pourraient pousser au delà de Nouméa sur l'Australie et la Nouvelle-Zélande où ils seraient en mesure de placer de grosses quantités de riz et d'autres produits.

Depuis quelques années, les Messageries Maritimes ont organisé un service entre la France, les Antilles, Tahiti, Nouméa et Port-Vila, et il est apparu aussitôt que Tahiti était plus proche des Antilles que de l'Indochine, plus proche même du Havre que de Saïgon.

Certains se sont servis de ce fait comme d'un argument victorieux contre mon projet de Haut-Commissariat du Pacifique.

J'avoue ne pas les comprendre.

Les Antillais viendront-ils facilement à Tahiti? Nous n'en savons rien. En tout cas, en dépit des rapports réguliers qui se sont créés entre les deux archipels, il n'en est pas encore venu, alors que les Tonkinois sont déjà là.

Sans nier la possibilité de faire jouer aux Antilles, à l'égard de Tahiti, le rôle que j'estime revenir à l'Indochine, il y a cependant, entre les deux conceptions, toute la différence qui sépare une entreprise qui se réalise et une qui n'est qu'à l'état de projet. Je souhaite, d'ailleurs, que les Antilles prêtent une aide secourable à Tahiti ; la perle de l'Océanie n'aura pas trop de ses deux sœurs d'Orient et d'Occident pour l'aider à sortir du marasme économique où elle languit.

Mais admettons encore que les Antilles puissent suffire à assurer le développement de Tahiti et de ses dépendances, cela n'enlève aucune force aux arguments d'ordre politique qui jouent en faveur du Haut-Commissariat.

La France doit avoir dans les débats de l'Extrême-Orient une place qui ne le cède pas à celle des États-Unis ou de la Grande-Bretagne ; il y va de notre influence en Chine et de l'avenir de nos industries qui, demain, devront rechercher en Extrême-Orient les débouchés qui leur manqueront. Comment assurer à la parole de la France le maximum d'autorité, si ce n'est en réunissant en un faisceau tout ce qu'elle a de richesse et d'éléments d'activité pour étayer ses légitimes prétentions à parler haut et ferme en cette partie du monde.

Certes, Tahiti est bien éloignée de l'Indochine, mais nous ne nous faisons pas assez à cette idée, courante pourtant en Extrême-Orient, que le Pacifique forme un tout politique et économique, et que cet océan, quelle que soit son étendue, unit tous les peuples de ses rivages, de même que la

Méditerranée a toujours constitué et constituera toujours un lien puissant entre les pays qui la bordent.

C'est le même argument que j'opposerai à ceux qui font échec au Haut-Commissariat pour préconiser un « ministère d'Extrême-Orient », c'est-à-dire qui rejettent les archipels d'Océanie.

J'ai toujours été partisan de centraliser à Hanoï l'ensemble des intérêts français en Extrême-Orient, seul moyen d'y avoir une politique homogène et réaliste, et c'est du point de vue de l'Indochine, en se plaçant à Hanoï, en terre française, que nous devons étudier et résoudre les problèmes d'Extrême-Orient.

Dans ce but, nous devons donner au haut-commissaire une autorité indéniable qui fasse respecter ses avis de toutes les puissances asiatiques, et il m'a paru qu'on ne saurait trop étendre ses pouvoirs. Nos établissements français d'Océanie, la Nouvelle-Calédonie et les Nouvelles-Hébrides sont considérés en France comme n'ayant pas une grande valeur, mais, aux yeux des Anglo-Saxons et des Japonais, ils en ont une.

Même lorsqu'il s'agira de droits de douane ou de concessions de chemins de fer en Chine, le haut-commissaire parlera avec une autorité plus grande si l'on sait qu'il représente la totalité des intérêts français dans le grand Océan. Il n'est pas négligeable de frapper les esprits de nos anciens alliés, d'autant plus qu'ils ont tendance à considérer que la France n'a pas d'intérêts à défendre dans le Pacifique. En 1921, elle faillit être écartée des plus importants débats de la conférence de Washington sous prétexte que cela ne l'intéressait pas !

Dès maintenant la liaison existe entre l'Indochine et nos colonies océaniennes. Les résultats économiques à attendre du Haut-Commissariat sont déjà en grande partie obtenus et la consécration officielle ne saurait y ajouter grand'chose. Tout dépend en effet de l'initiative privée qui, en la circonstance, n'a pas attendu une décision officielle.

La création du Haut-Commissariat n'apportera pas d'avantages nouveaux à nos colonies d'Océanie qui en ont tiré, avant même qu'il existe, le bénéfice économique essentiel qu'elles en attendaient, savoir la main-d'œuvre, et, indirectement, un important bénéfice politique ; l'introduction de la main-d'œuvre annamite aux Nouvelles-Hébrides a réglé en fait, en notre faveur, l'irritante question du Condominium, et les Anglais ont pratiquement renoncé à la lutte.

Mais l'Indochine n'a encore retiré aucun avantage de sa liaison avec l'Océanie, et c'est pour elle surtout qu'il convient de nommer un haut-commissaire.

C'est qu'en effet les avantages qu'obtiendra l'Indochine sont d'ordre politique et exigent une décision officielle.

Celle-ci peut venir, le terrain est préparé depuis longtemps.

L'essentiel était de grouper des intérêts qui s'ignoraient, de révéler les unes aux autres des sympathies qui se méconnaissaient, de coordonner des efforts que l'union rendrait plus aisés. Ce travail de clarté et d'harmonie, qui est l'essence même de toute œuvre française, est aujourd'hui réalisé, et il y a plus de trois ans que j'ai pu écrire : « Le Haut-Commissariat français du Pacifique existe ; il ne manque plus qu'un haut-commissaire. »

Il est vraisemblable que la nomination de ce haut-commissaire ne tardera plus, et, chose curieuse, elle sera motivée, non par le souci de venir en aide à nos possessions du Pacifique, non par le désir de remettre entre les mains de l'Indochine la direction et la réalisation de notre politique chinoise, mais par une troisième nécessité que je n'avais pas aperçue tout d'abord.

Les problèmes indochinois sont si spéciaux, ils ont revêtu une telle importance et ils sont généralement si ignorés dans la métropole, que le besoin s'est fait sentir d'un homme qui défendrait en France les intérêts de l'Indochine. Ce serait le haut-commissaire du Pacifique et il passerait chaque année six mois à Hanoï et six mois à Paris. Le gouverneur général de l'Indochine relèverait directement de lui, ainsi que nos ministres de Pékin, de Tokio et de Bangkok, et nos gouverneurs d'Océanie.

Le bon sens et la logique finissent toujours par triompher en France, mais pourquoi faut-il que ce soit si long et qu'ils soient si impuissants contre la légèreté de notre race et la routine de nos fonctionnaires?

CHAPITRE X

LA MISE EN VALEUR DES COLONIES

Il n'est pas de problème plus urgent, il n'est pas de problème plus délicat que celui de la mise en valeur des colonies.

J'entends ici par « mise en valeur » simplement la mise en valeur économique, ayant traité dans un chapitre précédent de l'usage politique que nous pouvons faire de nos possessions et des problèmes sociaux qui se posent à nous.

Il n'était guère question avant la guerre de « mise en valeur des colonies » ou du moins lorsque l'on parlait d'exploiter les colonies on n'avait pas cette idée d'un programme à exécuter, à développer de façon rationnelle que l'on a aujourd'hui.

Pourquoi? C'est que l'approvisionnement en matières premières des industries nationales est devenu, pour les grands peuples modernes, un problème de la plus haute importance que se posent les nations les plus riches, les plus puissantes.

Pour la France d'après-guerre, ce problème est devenu angoissant, sa situation financière ne lui permet plus d'acheter à n'importe quel prix sur les grands marchés mondiaux les produits dont elle a besoin, et elle doit compter serré ; d'autre part, en suspendant la presque totalité des exportations européennes, la guerre a obligé nombre de pays à usiner eux-mêmes leurs produits, et certaines matières premières sont ainsi devenues plus rares en même temps que se restreignaient les débouchés ouverts aux grandes nations industrielles.

Mais ce n'est pas seulement l'avilissement du franc qui pousse aujourd'hui la France à se créer des sources autonomes de matières premières. Il y a aussi la crainte de voir un jour les matières premières constituer l'enjeu de vastes conflits économiques. L'application du plan Stevenson en Malaisie britannique nous donne un avant-goût des batailles de l'avenir : nous avons vu une des plus puissantes industries américaines menacée dans son existence par l'entente et la discipline de planteurs britanniques, et le Gouvernement de Washington songea sérieusement à exercer des représailles et à refuser le coton aux industries textiles de Grande-Bretagne.

Dans les luttes de ce genre, que deviendrait la France? N'ayant pas d'armes en mains, c'est-à-dire ne contrôlant pas de marché de grande matière première, elle risquerait d'être broyée, tel un nain au milieu de géants.

De ces préoccupations est née la volonté — encore bien faible, hélas! et bien hésitante — de mettre nos colonies en mesure de fournir nos industries des produits qui leur sont essentiels.

Si l'on se place d'un point de vue élevé, dépassant la nation et le siècle, on doit convenir qu'une telle idée est rétrograde et comporte un danger.

La loi de la division du travail, qui est à la base du progrès, veut que les nations, comme les individus, se répartissent la besogne selon leurs aptitudes spéciales. Ainsi, il est produit un plus grand nombre de richesses et leur prix de revient est moindre. Autrefois, chaque pays devait se suffire à peu près à lui-même et c'était une cause de stagnation économique, de misère même. Le développement des moyens de transport, en créant de vastes mouvements d'échanges, a permis aux peuples de se consacrer aux cultures et aux industries qui leur conviennent le mieux et ils n'ont plus à demander à leurs champs des produits qui y viennent difficilement.

Aussi, dans la mise en valeur de nos colonies, devons-nous prendre garde de ne pas imposer certaines cultures à des terres qui n'y sont pas propices. Ce serait une grande erreur, et ses conséquences seraient funestes à l'avenir de notre domaine d'outre-mer.

D'autre part, l'interdépendance des nations a réduit les risques de conflit armé ; ceux-ci ne cessent de décroître à mesure qu'augmentent et cette interdépendance et les exigences des guerres modernes. Comment, par exemple, l'Italie pourrait-elle se lancer dans une lutte sérieuse et longue alors qu'elle ne dispose ni de houille ni de fer.

Ceux qui estiment impossible un conflit entre le Japon et les États-Unis fondent leur opinion sur les échanges considérables qui se font entre les deux pays; l'industrie séricicole américaine achète sa soie à Yokohama et à Kobé et l'industrie cotonnière niponne, dont l'importance est formidable, se fournit de coton surtout aux États-Unis. Que demain un nuage s'élève entre les deux pays, les deux Gouvernements auront à songer aux conséquences qu'aura la cessation des relations commerciales, et un grand nombre d'industriels et de commerçants feront pression sur les autorités et sur l'opinion pour éviter une solution belliqueuse.

Nous ne devons pas nous cacher que la mise en valeur de nos colonies orientée de façon à rompre les liens économiques puissants qui unissent la France aux autres peuples constitue une anomalie, un retour en arrière et peut-être un crime contre la paix.

C'est là, je crois, un aspect de la mise en valeur de nos colonies qui n'a pas encore été montré, mais nous avons le devoir d'examiner un problème aussi important sous toutes ses faces, de ne dissimuler aucune des conséquences des solutions que nous préconisons, et lorsqu'une question peut, si peu que ce soit, compromettre la paix du monde, nous devons le signaler.

Si chaque nation pouvait s'assurer toutes les matières premières dont elle a besoin, la paix serait gravement menacée, le fait n'est pas douteux. Cependant, en ce qui concerne la France, il y a une telle disproportion entre ses besoins et sa production coloniale que, même en faisant de grands efforts, il faudra des dizaines et des dizaines d'années pour entamer sérieusement cette marge qui ne sera sans doute jamais comblée. Au reste, il est vraisemblable que le jour où les industries françaises s'approvisionneront surtout dans nos colonies, les idées de paix auront fait assez de progrès pour que l'interdépendance économique des peuples ne soit plus une garantie de la tranquillité du monde. La paix, espérons-le, sera alors dans les âmes et dans les cœurs.

***

Il reste encore à répondre à une question préjudicielle.

Le développement des moyens de transport, la création de grands marchés mondiaux qui en est la conséquence, ont rendu uniformes les prix des matières premières sur tout le globe. Quel intérêt aura donc le filateur de Roubaix ou de Mulhouse à acheter son coton à Dakar plutôt qu'à Alexandrie? A qualité égale, le prix sera le même. Comment la nation y gagnera-t-elle, comment le coût de la vie se trouvera-t-il réduit?

Prenons un exemple : nos bois de la Côte d'Ivoire sont moins chers que ceux de Cuba, du Mexique ou du Brésil. Pourquoi? Parce que les fabricants de meubles les croient inférieurs ; mais, du jour où leurs qualités seront reconnues, où ils seront classés à leur valeur sur les marchés, ils vaudront aussi cher que les bois étrangers. Et les jeunes ménages payeront leur chambre à coucher le même prix qu'auparavant.

Si la mise en valeur de nos colonies ne fait pas directement et immédiatement baisser le prix de la vie, contrairement à ce que croient beaucoup de gens, elle n'en a pas moins une influence certaine quoique indirecte.

Les efforts faits actuellement tendent à charger les industriels de France de la production des matières premières coloniales. Idée heureuse qui a, entre autres avantages, celui de procurer à l'industriel les bénéfices du planteur, ce qui lui permet, le cas échéant, de baisser ses prix sans dommage. L'économie nationale gagne en stabilité et sa « marge de sécurité » se trouve accrue.

A ce même résultat concourt aussi le fait que le développement des colonies se trouve accéléré, elles offrent à nos industries des débouchés nouveaux, et, peu à peu, le marché intérieur français prend la place qu'occupent nos échanges avec l'extérieur. Or, l'on sait que l'expansion économique des États-Unis est due surtout à l'énorme marché intérieur dont disposent les industries américaines; ce marché leur donne une stabilité incomparable et leur permet d'affronter en toute sécurité les marchés extérieurs qui ne représentent pour elles qu'un appoint. Cette stabilité a permis aux industries américaines de croître régulièrement et en a fait les mieux outillées du monde. Le rendement de l'ouvrier y étant, grâce à la perfection des méthodes et du matériel, plus élevé qu'en Europe, son gain l'est aussi, et c'est pourquoi l'ouvrier et l'employé américains vivent mieux que ceux d'Europe.

Il est bien évident que le jour où la France et ses colonies constitueront un puissant marché intérieur de 100 millions d'habitants, le bien-être sera plus grand. Nos industries seront à l'abri des batailles de tarifs douaniers auxquelles se livrent les nations modernes, elles seront moins sensibles aux à-coups de l'économie mondiale.

Le trafic entre la France et ses colonies se faisant surtout sous pavillon français, notre marine marchande disposera de fret plus important, et cela lui permettra de rivaliser plus facilement avec les marines étrangères ; en même temps, les tarifs de fret pourront baisser, ce qui influera encore sur le prix de la vie.

La mise en valeur de nos colonies présente donc un intérêt pratique pour la masse du peuple et c'est cette notion qu'il convient de répandre le plus possible.

Mais comment allons-nous procéder à la mise en valeur de nos colonies? Quelles règles allons-nous suivre pour exploiter notre domaine colonial et fournir à nos industries les matières premières dont elles ont besoin?

Avant d'essayer de fixer des règles logiques, examinons d'abord la méthode actuellement suivie et, comme il n'y a pas de méthode officiellement tracée, nous allons nous efforcer de la dégager en analysant ce qui a été fait pour un produit dont la France est grande consommatrice : le coton.

Première question : quelles sont nos colonies qui se prêtent à la culture du coton?

Sur ce point, nous n'avons que l'embarras du choix ; le coton vient bien en Algérie, au Togo, à Madagascar où l'indigène le cultive pour son usage personnel, au Maroc où s'étendaient jadis de grands champs de coton, en Syrie, dans certaines régions de l'Afrique occidentale et de l'Afrique équatoriale, en Nouvelle-Calédonie, aux Nouvelles-Hébrides, en Indochine.

Va-t-on disperser entre tous ces pays l'effort à faire? Et quelles considérations vont permettre de faire un choix?

On a écarté l'Indochine où le coton est cultivé depuis des siècles au Cambodge et au Tonkin parce qu'elle est trop lointaine et surtout parce qu'elle n'a pas elle-même assez de coton pour alimenter ses industries ; de plus, si elle exportait du coton, elle l'exporterait sans doute en Extrême-Orient et son coton rendu en Europe serait plus cher que le coton américain et égyptien.

Des essais de culture européenne ont cependant été tentés en Indochine, mais non dans l'intention de ravitailler la métropole. Au reste, les expériences ont été menées dans des conditions peu satisfaisantes et la Société d'études pour la culture du coton en Indochine s'est dissoute en 1927.

La Nouvelle-Calédonie et surtout les Nouvelles-Hébrides produisent un beau coton à fibre longue, très apprécié des filateurs. Mais ces îles sont situées presque aux antipodes, la France n'a avec elles que des relations maritimes peu développées ; en cas de conflit mondial, la France, qui n'est pas maîtresse des mers, ne pourrait maintenir ses relations avec ses possessions les plus lointaines.

Les mêmes raisons ont fait écarter les îles Marquises, auxquelles on peut faire d'ailleurs le grief supplémentaire de manquer de main-d'œuvre.

Madagascar retint l'attention et l'Association cotonnière coloniale y envoya M. Cayla, qui en rapporta une excellente étude sur les possibilités de la grande île, mais Madagascar n'a pas encore atteint la période d'essai.

Le manque de main-d'œuvre ne permet guère en Afrique équatoriale d'envisager la création de grandes plantations. Cependant, le gouverneur Lamblin est parvenu, dans l'Oubangui-Chari, à faire cultiver, en 1925, 1 800 hectares de cotonniers qui ont donné 800 tonnes de coton brut.

Le Togo donne des résultats beaucoup plus intéressants. Le gouverneur y a imposé aux indigènes la culture du coton, a organisé des distributions de graines sélectionnées, des coopératives indigènes, des concours agricoles, et la superficie plantée en cotonniers augmente rapidement ; de 1923 à 1924, elle est passée de 10 000 hectares à 18 000 hectares et la production approche de 1 600 tonnes de coton égrené.

Mais il n'y a pas au Togo de colonisation blanche et c'est sans doute ce qui, avec le régime du mandat, en écarte les industriels français.

Cependant, le régime du mandat n'a pas empêché le Syndicat industriel alsacien de s'intéresser à la Syrie. En effet, la stabilité de notre mandat syrien dépendra surtout de l'influence économique que la France aura su acquérir dans le pays. On estime que 2 500 000 hectares peuvent y être cultivés en coton, un tiers en terrain irrigué et deux tiers en terrain sec ; les chutes de pluie y sont importantes, les nappes souterraines y abondent, mais les expériences n'ont pas été jusqu'ici très heureuses, et les filateurs alsaciens se sont imposé de gros sacrifices pour obtenir des cotons médiocres, non homogènes, difficiles à travailler.

L'Afrique du Nord est propice au coton partout où l'eau ne manque pas et l'Algérie a exporté l'an dernier environ 1 800 tonnes d'un coton estimé. Malheureusement, les méthodes commerciales employées sont défectueuses : les filateurs sont rebutés par les prix établis sur wagon dans les gares de l'intérieur et ils répugnent à ouvrir des crédits dans des villes qu'ils ne connaissent pas. Il faut absolument arriver à coter les prix franco bord à Oran ou Alger et généraliser les payements par chèque documentaire.

Au Maroc, l'initiative privée seule a essayé, en 1925, de reprendre l'antique culture du coton, et l'an dernier 400 hectares ont fourni 50 tonnes à l'exportation, mais il faudrait, semble-t-il, entreprendre de grands travaux d'irrigation.

C'est en Afrique occidentale que se sont portés les efforts officiels et la plupart de ceux de l'Association cotonnière coloniale et des industriels intéressés.

Pourquoi? La raison en est, sans doute, surtout géographique. Il est vraisemblable qu'en cas de conflit, la France pourrait maintenir ses relations avec son empire africain.

L'Afrique occidentale offre d'immenses espaces libres que l'on ne trouve pas en Algérie ou au Maroc et les indigènes des régions du Niger n'ont pas, comme ceux de l'Afrique du Nord, d'autres cultures qui accaparent leurs soins.

La construction du chemin de fer de Thiès à Kayes et au Niger a aussi séduit les milieux officiels et industriels.

Tout cela explique pourquoi l'Afrique occidentale a été considérée comme le fournisseur désigné de coton de la France et pourquoi l'on n'a pas reculé devant les centaines de millions de francs qu'exigent les travaux d'irrigation de la vallée du Niger.

Des efforts considérables ont été faits en Afrique occidentale et le résultat final est tel que mon excellent collègue Pierre Valude a pu parler récemment de « la faillite du coton en Afrique occidentale ».

D'après lui, la culture sèche du coton a atteint son maximum avec une exportation de 2 500 tonnes de fibre, et elle ne peut manquer de diminuer, la culture intensive du coton ayant causé beaucoup de tort aux cultures vivrières et risquant d'affamer des régions entières ; de plus, sans engrais, le coton dégénère rapidement.

La culture en terrain irrigué n'a guère donné de bons résultats que dans la région de Tombouctou, mais dans la zone moyenne du Niger, semble-t-il, un désastre. Dans le voisinage du Segou, on a défriché 3 000 hectares et on y a travaillé pendant trois ans avec des moyens perfectionnés ; le concessionnaire vient d'abandonner la culture du coton.

Mon excellent collègue Pierre Valude n'hésite pas à dire qu'il faut faire machine arrière et je me range à son avis. Un bon commerçant doit savoir passer par profits et pertes les sommes qu'il a dépensées inutilement sans s'obstiner à vouloir rattraper ce qu'il a perdu. Faisons de même en Afrique occidentale : arrêtons-nous, il en est temps encore.

Est-ce à dire que nous devons renoncer à procurer à nos filatures du coton colonial ? Je ne le crois pas et je suis même persuadé que le succès est possible, sinon certain, si l'on veut bien adopter une méthode rationnelle.

Cessons d'abord de faire intervenir des raisons stratégiques ou politiques. Nous avons des possessions où le coton vient facilement. Pourquoi les délaisser pour reporter notre effort sur des territoires où l'on n'en est qu'à la phase des expériences?

Qu'importe que le Togo et la Syrie ne soient que des pays sous mandat s'ils peuvent nous fournir du coton? En y intensifiant l'agriculture, en créant des liens d'échange puissants entre ces pays et la métropole, nous augmentons nos chances de conserver ces mandats.

Mais la plus grave erreur qui ait été faite porte sur nos colonies du Pacifique. Là, en effet, le coton est arborescent et d'excellente qualité et il n'y a pas à faire de mise de fonds pour de grands travaux dont dépende le sort de la culture. Le coton est cultivé depuis longtemps dans nos possessions océaniennes et le coton néo-hébridais donne notamment toute satisfaction, ayant déjà subi en France des essais concluants.

Or, aux Nouvelles-Hébrides, les terres fertiles ne manquent pas, et dans les îles de la Société et Sous-le-Vent il serait possible de ressusciter une culture qui y fut jadis florissante.

Dira-t-on que le Condominium néo-hébridais est un obstacle? Bien au contraire, le développement des entreprises françaises dans l'archipel ne peut que hâter le règlement de cette irritante question.

Le coton vient parfaitement dans nos colonies d'Océanie ; avec l'importation des coolies tonkinois, celles-ci disposent maintenant de la main-d'œuvre dont l'absence entravait leur mise en valeur ; des relations maritimes directes existent entre elles et la France, et la distance ne majore guère le prix des produits, car ce sont surtout les ruptures de charge qui reviennent très cher. Aussi, est-il pour moi absolument évident que nos filateurs du Nord et de l'Est doivent reporter en Océanie leur effort infructueux en Afrique occidentale. En Océanie, il n'y a pas d'expériences à faire, pas d'immenses travaux préparatoires à réaliser. Il n'y a qu'à défricher et à planter.

La question est d'importance, si l'on veut bien se rappeler que l'industrie cotonnière fait vivre en France plus de 600 000 ouvriers et que nous avons importé, en 1926, 368 245 tonnes de coton valant 4 457 519 000 francs.

Pour résoudre pratiquement le problème, allons-nous attendre que les États-Unis aient construit des filatures assez nombreuses pour utiliser toute leur production de coton ? Chaque année, de grosses filatures s'installent aux États-Unis et le jour n'est peut-être pas éloigné où elles absorberont presque tout le coton américain et vendront le reste fort cher à leurs rivales d'Europe.

En ce qui concerne la plus importante des matières premières dont nous ayons besoin, nous avons jusqu'ici échoué.

Pourquoi? Parce que nous avons adopté une méthode mauvaise qui risque de vicier tout notre programme de mise en valeur des colonies.

La grande préoccupation est présentement d'alimenter les industries françaises en matières premières coloniales pour diminuer d'autant nos importations étrangères et ainsi améliorer la balance de nos échanges avec les pays à devises appréciées. Ainsi, le but réel de la mise en valeur de nos colonies est-il le relèvement du franc.

C'est là un souci éminemment légitime et je suis le premier à souhaiter de voir notre devise renforcer encore sa position et assurer à notre pays la stabilité économique dont il a besoin, mais qu'il me soit permis de faire observer que cette méthode comporte un vice de principe.

On s'est beaucoup moqué de Bernardin de Saint-Pierre qui prétendait que le melon avait des côtes pour être mangé en famille, mais je crains bien que, sans nous en apercevoir, nous n'imitions, en matière coloniale, l'illustre áuteur de *Paul et Virginie*, et que nous ne fassions usage de cette finalité externe que condamnent les philosophes modernes.

Au reste, un examen attentif du problème nous montre que l'expérience s'accorde avec la raison et que la France gagnerait beaucoup plus à développer ses colonies en pensant seulement à leur intérêt propre et sans se soucier de ses besoins personnels.

Nos colonies ont chacune ses aptitudes spéciales et nous devons non les contrecarrer, mais en faciliter le libre jeu. Qu'importe que l'Afrique occidentale produise assez d'arachides pour nos industries? Favorisons encore le développement des cultures d'arachides afin de nous rendre maîtres de ce marché. Ce jour-là, nous aurons une monnaie d'échange pour obtenir du coton et de la laine.

Dans la mise en valeur de nos colonies, nous ne devons avoir qu'une préoccupation : faire produire à nos possessions le plus grand nombre possible de matières premières indispensables, quelles qu'elles soient, et la seule règle à suivre est de favoriser dans chaque colonie la production pour laquelle elle est le mieux adaptée, en s'efforçant d'augmenter la qualité du produit et le rendement et d'en abaisser le plus possible le prix de revient.

L'arachide d'Afrique, le riz d'Indochine, le nickel de la Nouvelle-Calédonie, les phosphates de l'Afrique du Nord, les bois de la Côte d'Ivoire et du Gabon, voilà des richesses qui, si nous savons les mettre en œuvre, nous permettront d'obtenir sur les marchés du monde tous les produits que nous voudrons.

En agissant autrement, on court le risque de créer des industries qui se trouveront à la merci des mouvements de la spéculation étrangère et qui exigeront, dans la métropole, des tarifs protecteurs grevant lourdement la nation.

Imaginons que, pour favoriser le coton du Niger et pour en permettre l'écoulement en France, nous soyons obligés d'augmenter notablement le droit d'entrée sur les cotons américains et égyptiens. Que se passera-t-il? Les États-Unis et l'Égypte répondront par des représailles douanières, et le prix de la vie en France se trouvera augmenté en même temps que nos produits manufacturés verront se restreindre leurs débouchés.

Le public serait aussitôt hostile à la politique coloniale et l'on se trouverait avoir travaillé contre les colonies elles-mêmes, en ayant voulu les favoriser. Sur ce point, il est bon de méditer l'éclatant échec que subirent les conservateurs anglais, il y a quelques années, lorsqu'ils voulurent imposer la politique de préférence impériale.

Une seconde règle se dégage donc : on ne doit pas employer les modifications des tarifs douaniers pour favoriser les productions coloniales ; de telles mesures ne doivent jouer que d'une façon temporaire, pour parer à une situation transitoire, lorsqu'il s'agit d'une vieille production

12

coloniale et que les grandes industries françaises ne souffrent pas d'un relèvement des tarifs douaniers. C'est ainsi qu'on eut raison d'accorder un régime de faveur au poivre de Cochinchine et du Cambodge.

Nos entreprises coloniales doivent pouvoir se développer toutes seules, sans aide permanente des pouvoirs publics, à l'abri des variations des cours mondiaux. La faute la plus grave que nous puissions commettre serait de favoriser le développement d'entreprises qui n'auraient qu'une vie artificielle et qui nécessiteraient une protection constante. Les conséquences en seraient funestes, aussi bien à la métropole qu'aux colonies.

Une autre condition essentielle du développement de nos productions coloniales est l'organisation de marchés coloniaux et métropolitains.

Les marchés britanniques et américains exercent sur nos produits une force d'attraction contre laquelle nous devons lutter de toutes nos forces si nous ne voulons pas voir les Anglo-Saxons percevoir leur courtage sur nos exportations coloniales. En 1924, le Togo a exporté 997 tonnes de coton sur lesquelles 700 tonnes ont pris le chemin de l'Angleterre et de l'Allemagne. Avant de songer à intensifier la production coloniale pour satisfaire nos besoins, ne pourrions-nous pas empêcher le peu que produisent actuellement nos possessions de filer à l'étranger?

Des méthodes commerciales plus souples doivent être adoptées par nos négociants si nous ne voulons pas être réduits à acheter nos produits coloniaux sur les marchés étrangers.

En organisant soigneusement et judicieusement nos marchés de matières premières, nous ne manquerons pas de stimuler la production coloniale, mais le rôle des pouvoirs publics est aussi d'entreprendre l'exécution d'un vaste programme de travaux, surtout en ce qui concerne la construction de routes et de voies ferrées, l'outillage des ports, l'hydraulique agricole.

La façon la plus rapide d'enrichir un pays n'est pas d'y créer des stations d'essais, dont les résultats sont plus ou moins faussés et exigent un contrôle de la part des particuliers qui les utilisent. L'État n'a pas à empiéter sur le domaine de l'initiative privée : son rôle propre est déjà assez important, puisque c'est à lui qu'incombe l'outillage économique de nos territoires.

Le programme des grands travaux publics à exécuter aux colonies est prêt ; Albert Sarraut l'a exposé de façon définitive et je n'y reviendrai pas. Ce qui manque, et c'est presque incroyable, ce sont les capitaux.

Ce devrait être là une question secondaire. Nos colonies offrent de si formidables possibilités d'avenir qu'elles ne devraient pas être embarrassées pour trouver les sommes indispensables à leur outillage. Déjà, avec leurs propres ressources, elles réalisent des travaux très importants et elles pourraient consacrer les sommes qu'elles réservent chaque année aux grands travaux au service d'emprunts qu'elles contracteraient.

Remarquons d'ailleurs que, faute d'argent, nos colonies n'exécutent que peu de travaux neufs.

Aux colonies, comme en France, la guerre a suspendu l'exécution des grands travaux neufs d'outillage économique. Pendant cinq ans on se contenta d'entretenir ce qui existait sans pouvoir poser de rails ni construire de routes nouvelles.

A cette période de stagnation forcée devait logiquement en succéder une d'activité intensive pour rattraper le temps perdu. Les besoins de matières premières ayant amené une prospérité générale dans nos possessions, les grands travaux devaient par suite être intensifiés et l'activité d'avant-guerre devait être multipliée au moins par le coefficient 3.

Au lieu de cela, que voyons-nous? L'exécution des travaux neufs n'a repris que très lentement, et encore à une cadence inférieure à celle de 1913, alors qu'elle eût dû être au moins triple.

La raison? Je l'ai déjà dite : les colonies sont soumises au régime de la métropole? Pourquoi? Parce qu'on n'a pas le temps de s'occuper d'elles et aussi parce qu'il serait indécent de voir nos colonies plus actives que la France elle-même.

Qu'on n'aille pas dire que la France serait le premier bénéficiaire du développement de ses possessions, son prestige, paraît-il, en souffrirait, et cela suffit pour mettre en veilleuse un empire de 14 millions de kilomètres carrés et de 60 millions d'habitants.

Il fallait, dès 1919, émettre à l'étranger un grand emprunt pour la mise en valeur de nos colonies. Cette émission eût-elle restreint les possibilités d'emprunt de la métropole sur les marchés étrangers? Bien au contraire, car l'outillage de nos possessions, en augmentant nos richesses d'outre-mer, eût élargi le crédit de la France.

Pour donner une idée de ce que nous avons perdu, je citerai l'opinion de l'inspecteur général des travaux publics de l'Indochine. Ce haut fonctionnaire estime que l'exécution des travaux neufs les plus urgents dans la colonie exige 340 millions de piastres, soit environ 4 250 millions de francs, aux taux actuel de la piastre. La plus-value des revenus bruts annuels de la colonie résultant de ces travaux neufs sera de 500 à 600 millions de piastres, soit de 6 250 à 7 500 millions de francs. C'est-à-dire qu'une somme de 100 francs dépensée une fois pour des travaux en Indochine rapporte ensuite plus de 150 francs par an.

N'est-on pas tenté de taxer de folie le pays qui ne veut pas emprunter à 8 ou 10 p. 100 des capitaux qui lui rapporteront 150 p. 100?

Et remarquons que le dommage n'est pas seulement matériel, il est aussi d'ordre politique. A l'étranger, on commence à murmurer contre la France qui bride l'expansion de ses colonies et accapare de vastes territoires qu'elle est impuissante à mettre en valeur, et surtout nos indigènes se plaignent que l'influence française soit bien onéreuse.

Ainsi voilà compromise notre œuvre colonisatrice, voilà quasi annihilé un demi-siècle d'efforts et de succès pacifiques.

Certains ont essayé de sauver la face du gouvernement en disant qu'il y avait un danger à employer dans nos colonies des capitaux étrangers. Quelle absurdité! L'Amérique du Sud s'est outillée en grande partie avec des capitaux français, est-ce que la France s'est jamais mêlée de la politique des républiques sud-américaines?

Nous sommes obligés de constater que la plupart de nos colonies seraient aujourd'hui dans une situation économique meilleure si elles s'étaient trouvées sous la domination d'autres puissances qui eussent pu leur consacrer les capitaux que requiert leur développement.

Il importe qu'au plus tôt le Parlement autorise l'émission d'un grand emprunt colonial grâce auquel nos possessions pourront enfin mettre à la disposition de l'initiative privée l'élémentaire outillage sans lequel le pays le plus riche reste aussi inexploité qu'un désert.

D'ici là, la mise en valeur des colonies sera fragmentaire, désordonnée, très insuffisante et sujette aux pires aléas.

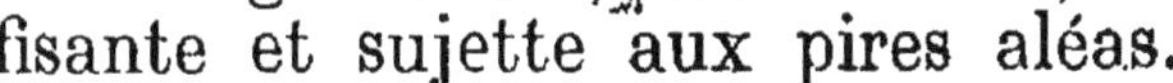

CHAPITRE XI

LA POLITIQUE COLONIALE DE LA FRANCE

La France est, par l'étendue de ses possessions et par le chiffre de leurs populations, la seconde puissance coloniale du monde, et cependant elle n'a pas de politique coloniale.

Si extraordinaire que cela puisse paraître, c'est malheureusement vrai, et ce qui est encore plus prodigieux, c'est que la France n'a cessé d'avoir une politique coloniale que depuis que ses possessions jouent un rôle vraiment important dans la vie de la nation.

Sous l'ancien régime, aux XVIIe et XVIIIe siècles, c'est la politique des compagnies privilégiées à qui l'État accorde des pouvoirs gouvernementaux et le monopole du commerce.

La Révolution amène avec elle la politique d'assimilation et on compte au sein de la Convention 34 députés coloniaux. Puis la Constitution de l'an VIII supprime la représentation coloniale et remet en honneur la politique d'assujettissement.

Le premier Empire n'a pas de politique coloniale à proprement parler ; c'est le désintéressement total, obligé d'ailleurs, étant donné que l'Angleterre, « l'éternel adversaire », tient les mers.

Avec la Restauration, la tendance est à l'autonomie et l'on assiste à la création de Conseils coloniaux qui font figure de petits parlements locaux, mais la Révolution de 1848 ramène la politique de l'assimilation qui fait place sous le second Empire, en 1854, au régime des décrets.

Les politiques coloniales les plus diverses se sont, on le voit, succédé, en France, mais, sauf sous le premier Empire, la France ne cessa jamais d'en avoir une, tandis que, depuis 1870, c'est le flottement, une série de contradictions alternées, l'absence totale de principes directeurs.

Certes nous n'ignorons pas que la politique coloniale est devenue extrêmement complexe et que la composition même de notre domaine nous interdit d'avoir une politique rigide qui puisse être appliquée indifféremment à tous nos sujets et protégés ; cependant, nous devrions avoir de grands principes qui constitueraient l'ossature de notre politique.

Théoriquement, la politique coloniale de la France est aujourd'hui une politique de collaboration, mais il serait malaisé de montrer les changements qui eussent dû se produire depuis qu'a été abandonnée la politique de l'assimilation, généralement en faveur il y a quelque vingt-cinq ou trente ans.

A cette notion de collaboration, d'association, correspondent des faits précis que, cependant, nous n'apercevons pas dans nos colonies.

Nulle part les indigènes n'ont une part sérieuse dans le gouvernement de leur pays, et même la plupart du temps les Français n'ont eux-mêmes aucun droit politique. Parler, dans ces conditions, d'associations et de collaboration, ce n'est qu'une mauvaise plaisanterie.

Partout où nous avons laissé ou accordé aux indigènes une part dans l'administration des communes et des cantons, ce ne fut pas avec l'idée de former l'indigène, de le préparer à un rôle plus élevé, ce fut généralement par le désir de ne pas toucher aux situations acquises et de conserver des intermédiaires commodes.

Certes, un peu partout, des Conseils consultatifs ont été créés, mais leur rôle est généralement de pure façade : la majorité des indigènes est nommée par le gouvernement local, ces singuliers « délégués » prononcent des discours pompeux et vides qui sont généralement l'œuvre de fonctionnaires européens, et c'est tout.

Une telle parodie de représentation populaire n'est pas digne de la France. Partout où les indigènes ne sont pas capables de participer effectivement à l'administration de leur pays, qu'on se contente de conseillers privés et qu'on réserve le nom de représentants populaires à des délégués élus qui auront un rôle délibératif.

L'autonomie est une conséquence de la politique d'association et elle en est même l'aboutissant le plus certain. Cependant, c'est alors que nos gouvernants prétendent le plus s'engager dans la voie de l'association, qu'ils resserrent le contrôle de nos possessions et prétendent gouverner les colonies de Paris.

Bref, à la place de la politique coloniale que nous devrions avoir, nous ne trouvons qu'un tissu d'erreurs, de contradictions, de non-sens.

Comment réagir?

Le premier principe à poser est que l'autonomie de nos possessions doit être le but plus ou moins lointain de notre politique coloniale. Indigènes et colons français doivent un jour s'administrer eux-mêmes. C'est inéluctable et c'est aussi souhaitable, car un gouvernement exercé de l'intérieur ne vaut jamais un gouvernement local, et la métropole a un intérêt direct à ce que ses possessions soient le mieux possible administrées et qu'elles soient en même temps très prospères.

Qu'on ne s'y trompe pas ; il ne s'agit pas

de remettre maintenant entre les mains des indigènes et des colons français l'administration de nos possessions, mais nous devons orienter notre politique de façon que cette transmission de pouvoirs se fasse insensiblement et sans à-coups.

Tel doit être le but suprême de notre politique coloniale et toutes les mesures que nous avons à prendre, aussi bien dans les domaines économique et social que sur le terrain proprement politique, doivent y préparer.

L'accélération du peuplement français de nos colonies est sans doute une des mesures dont on est en droit d'attendre les résultats les plus rapides, car plus il y aura de Français dans nos possessions, plus vite celles-ci pourront accéder à une autonomie plus ou moins large.

Nos indigènes doivent-ils être représentés au sein du Parlement? C'est là une question qui a déjà provoqué d'ardentes discussions et qui nous paraît, pour l'instant, prématurée.

Avant de penser à la représentation parlementaire des indigènes, il serait bon de préparer celle des colons français. Il y a 60 000 Français au Maroc, autant en Tunisie, 18 000 en Indochine, 17 000 en Nouvelle-Calédonie et en Océanie, 20 000 à Madagascar, 7 000 en Afrique occidentale et équatoriale, qui n'ont ni sénateurs ni députés. Soit, en tout, près de 200 000

Français courageux, actifs et représentant une élite, qui sont considérés comme des citoyens de deuxième zone et privés de leurs droits politiques.

Quand donc les colons français cesseront-ils d'être assimilés aux condamnés de droit commun ?

Lorsque tous nos colons auront leur représentant au Parlement, nous pourrons examiner le problème de la représentation indigène, mais alors seulement.

D'ailleurs, si l'on admet que nos colonies sont destinées à s'administrer elles-mêmes, leur représentation à Paris n'aura pas besoin d'être importante : elles seront pourvues d'assemblées locales, et elles n'auront à être représentées dans la métropole que dans la mesure où elles devront participer à la politique générale de la France.

Ce n'est pas seulement du point de vue proprement politique que l'autonomie doit être le but de nos efforts en matière coloniale. Nous avons vu plus haut que la mise en valeur de nos possessions devait se faire avant tout dans leur intérêt propre, qu'en même temps la métropole en tirerait le maximum de profits. Il en est de même dans l'ordre social, et l'enseignement en particulier exige d'être soigneusement adapté à chaque peuple.

Chaque race a son rythme de progrès, ses nécessités internes qu'il importe de respecter, et c'est dans ce sens que nous disons que notre politique coloniale ne saurait être partout la même dans le détail. Cependant, le but final qui, dans certaines de nos possessions ne sera sans doute pleinement atteint avant un ou deux siècles, doit être partout le même.

En résumé, notre politique coloniale doit être une dans ses principes et dans son but, et elle doit être diverse dans les modalités de son application.

En ce qui concerne les détails d'exécution, ce sont évidemment nos possessions elles-mêmes qui doivent les régler, car elles seules sont capables de le faire, mais les principes directeurs, qui nous font tant défaut aujourd'hui, ne sauraient être arrêtés que par le Gouvernement français lui-même.

En Grande-Bretagne, chaque fois que le besoin s'en fait sentir, une conférence dite « Conférence impériale » se réunit, qui a pour but de faire en quelque sorte « le point » du Royaume-Uni.

Eh bien, en France, nous n'avons jamais « fait le point colonial ».

Le moment est venu où il serait tout de même bon de le faire. Le gouvernement de nos colonies a été jusqu'ici laissé à l'entière discrétion de nos gouverneurs généraux, avec de brèves interruptions pendant lesquelles, à la suite d'un scandale ou d'un prétendu scandale, le pouvoir central impose une politique étroite et tracassière.

Jamais nos gouverneurs ne se sont trouvés en face de principes dont ils eussent à s'inspirer, et notre administration coloniale s'est fait remarquer par un manque total d'esprit de suite.

Une telle situation est, on le comprend aisément, extrêmement dommageable pour l'avenir de nos colonies et il faut y mettre fin au plut tôt.

Qu'on organise une conférence chargée de discuter les principaux problèmes généraux qui se posent pour nos colonies et de mettre au point les principes généraux à formuler. A cette conférence devront prendre part des représentants qualifiés de nos possessions, choisis parmi les plus anciens fonctionnaires et colons.

Nous serions bien étonné si une telle conférence ne donnait pas de précieuses indications sur le gouvernement de nos colonies et nous avouons que tant qu'une « mentalité impériale » n'existera pas en France, nous ne voyons pas d'autre moyen de doter le pays d'une politique coloniale digne de lui.

TABLE DES MATIÈRES

IMPRIMERIE CRÉTÉ
CORBEIL (S.-ET-O.)
6920-6-1928

10 fr.

www.ingramcontent.com/pod-product-compliance
Ingram Content Group UK Ltd.
Pitfield, Milton Keynes, MK11 3LW, UK
UKHW022102260726
13993UKWH00001B/278